GUÍA PRÁCTICA DE ÁGIL

Datos de Catalogación en Publicación de la Biblioteca del Congreso en proceso de solicitud.

ISBN: 978-1-62825-414-3

Publicado por:
Project Management Institute, Inc.
14 Campus Boulevard
Newtown Square, Pennsylvania 19073-3299 EE.UU.
Teléfono: +1 610-356-4600
Fax: +1 610-356-4647
Correo electrónico: customercare@pmi.org
Sitio web: www.PMI.org

Para colocar una orden comercial u obtener información sobre precios, póngase en contacto con Independent Publishers Group:
Independent Publishers Group
Order Department
814 North Franklin Street
Chicago, IL 60610 EE.UU.
Teléfono: +1 800-888-4741
Fax: +1 312- 337-5985
Correo electrónico: orders@ipgbook.com (para órdenes solamente)

Para cualquier otra solicitud, póngase en contacto con PMI Book Service Center.
PMI Book Service Center
P.O. Box 932683, Atlanta, GA 31193-2683 EE.UU.
Teléfono: 1-866-276-4764 (desde EE.UU. o Canadá) o +1-770-280-4129 (resto del mundo)
Fax: +1-770-280-4113
Correo electrónico: info@bookorders.pmi.org

Esta Guía Práctica fue financiada conjuntamente con Agile Alliance® y desarrollada en colaboración con miembros de Agile Alliance®. Agile Alliance® no avala ninguna metodología ni certificación de ágil.

10 9 8 7 6 5 4 3 2 1

AVISO

Las publicaciones de normas y guías de Project Management Institute, Inc. (PMI), una de las cuales es el presente documento, se elaboran mediante un proceso de desarrollo de normas por consenso voluntario. Este proceso reúne a voluntarios y/o procura obtener las opiniones de personas que tienen interés en el tema objeto de esta publicación. Si bien PMI administra el proceso y establece reglas para promover la equidad en el desarrollo del consenso, PMI no redacta el documento y no prueba, evalúa, ni verifica de manera independiente la exactitud o integridad de ninguna información ni la solidez de ningún juicio contenidos en sus publicaciones de normas y guías.

PMI no asume responsabilidad alguna por cualesquiera daños personales, a la propiedad u otros daños de cualquier naturaleza, ya sean especiales, indirectos, consecuentes o compensatorios, que resulten directa o indirectamente de la publicación, uso o dependencia de este documento. PMI no se hace responsable ni proporciona garantía alguna, expresa o implícita, con respecto a la exactitud o integridad de cualquier información publicada aquí, y no se hace responsable ni proporciona garantía alguna de que la información incluida en este documento satisfaga cualquiera de sus objetivos o necesidades particulares. PMI no se compromete a garantizar el desempeño de los productos o servicios de cualquier fabricante o vendedor individual en virtud de esta norma o guía.

Al publicar y hacer disponible este documento PMI no se compromete a prestar servicios profesionales o de otro tipo para o en nombre de ninguna persona o entidad, ni asume ninguna obligación adquirida por una persona o entidad hacia otra. Cualquiera que use este documento lo hará bajo su propio criterio independiente o, según corresponda, buscará el consejo de un profesional competente a la hora de determinar las precauciones razonables a aplicar en cualesquiera circunstancias dadas. Tanto información como otras normas relativas al tema objeto de esta publicación pueden estar disponibles en otras fuentes, que el usuario podrá consultar para ampliar con opiniones e informaciones adicionales las ofrecidas por esta publicación.

PMI no tiene el poder para, ni se compromete a vigilar o hacer cumplir el contenido de este documento. PMI no certifica, prueba ni inspecciona aspectos de seguridad y salud de productos, diseños o instalaciones. Cualquier certificación u otra declaración de conformidad con cualquier información relacionada con la salud o la seguridad incluida en este documento no será atribuible a PMI y será responsabilidad única del certificador o del autor de la declaración.

PREFACIO

El Project Management Institute y Agile Alliance® crearon esta guía práctica para lograr una mayor comprensión de los enfoques ágiles en sus comunidades. La visión de esta guía práctica es proveer a los equipos de proyecto con herramientas, parámetros de situaciones y una comprensión de las técnicas y enfoques ágiles disponibles para obtener mejores resultados.

Los equipos de proyecto están utilizando enfoques ágiles en una diversidad de industrias más allá del desarrollo de software. Ambas organizaciones se han dado cuenta de que la expansión ha creado la necesidad de un lenguaje común, una mentalidad abierta y la voluntad de ser flexible en la forma en que los productos y entregables se llevan al mercado. Además, ambas organizaciones reconocen que hay múltiples maneras de lograr una entrega exitosa. Hay una amplia gama de herramientas, técnicas y marcos de referencia; los equipos disponen de opciones de enfoques y prácticas que se ajustan a su proyecto y a la cultura organizacional con el fin de lograr el resultado deseado.

Los miembros del comité central de la *Guía Práctica de Ágil* tienen diferentes antecedentes y utilizan diversos enfoques. Algunos de los miembros del comité son consultores y algunos trabajan dentro de organizaciones. Todos han trabajado de diferentes maneras ágiles durante muchos años.

TABLA DE CONTENIDOS

ÍNDICE DE TABLAS Y GRÁFICOS

1

INTRODUCCIÓN

¡Bienvenidos a la *Guía Práctica de Ágil*! Esta guía fue desarrollada como un esfuerzo en colaboración entre el Project Management Institute (PMI) y Agile Alliance®. Los miembros del equipo principal de redacción que desarrolló esta guía práctica incluyeron voluntarios de ambas organizaciones, aprovechando la experiencia en la materia de una amplia gama de profesionales y líderes actuales provenientes de una amplia gama de antecedentes, creencias y culturas.

Esta guía práctica proporciona una orientación práctica dirigida a líderes y a miembros del equipo de proyecto que se adapten a un enfoque ágil en la planificación y ejecución de proyectos. Si bien nuestro equipo principal de redacción reconoce que existe un firme apoyo para utilizar enfoques predictivos y, a la inversa, la pasión por cambiar a una mentalidad y valores ágiles y principios de Ágil, esta guía práctica abarca un enfoque práctico sobre la agilidad en los proyectos. Esta guía práctica representa un puente para entender el camino que lleva desde un enfoque predictivo hasta un enfoque ágil. De hecho, hay actividades similares entre los dos, tales como la planificación, que se manejan de manera diferente pero que se producen en ambos entornos.

Nuestro equipo principal de redacción utilizó una mentalidad ágil para colaborar y gestionar el desarrollo de esta primera edición de la guía práctica. A medida que cambien la tecnología y la cultura, las actualizaciones y mejoras futuras de la guía práctica reflejarán los enfoques actualizados.

Nuestro equipo central adoptó un estilo de escritura más informal y relajado para esta guía práctica que el que es típico para los estándares del PMI. La guía incorpora nuevos elementos, tales como consejos, barras laterales y casos de estudio a fin de ilustrar mejor los puntos y conceptos clave. Nuestro equipo tiene la intención de realizar estos cambios a fin de que esta guía práctica sea más fácil de leer y utilizar.

Esta guía práctica va más allá de abordar el uso del concepto de Ágil en la industria de desarrollo de software porque el concepto de Ágil se ha expandido hacia otros entornos que no son desarrollo de software. Manufactura, educación, salud y otros sectores se están volviendo ágiles a diferentes niveles, y este uso más allá del software es parte del alcance de esta guía práctica.

APRENDIZAJE CON BASE EN ÁGIL

La educación es un terreno privilegiado y fértil para extender las prácticas ágiles más allá del desarrollo de software. Los maestros de las escuelas intermedias, secundarias y de las universidades de todo el mundo están empezando a usar ágil para crear una cultura de aprendizaje. Las técnicas ágiles son utilizadas para lograr enfocarse en priorizar las actividades que compiten entre sí. La interacción cara a cara, el aprendizaje significativo, los equipos auto-organizados y el aprendizaje incremental y/o iterativo que explotan la imaginación son principios ágiles que pueden cambiar la mentalidad en el aula y lograr avances en las metas educativas (Briggs, 2014).*

*Briggs, Sara. "Aprendizaje con Base en Ágil: ¿Qué es y cómo puede cambiar la educación?" *Opencolleges. edu.au* 22 de febrero de 2014, extraído de http://www.opencolleges. edu.au/informed/features/agile-based-learning-what-is-it-and-how-can-it-change-education/

¿Por qué una *Guía Práctica de Ágil* y por qué ahora? Los equipos de proyecto han utilizado técnicas y enfoques ágiles en diversas formas durante varias décadas. El Manifiesto de Ágil [1][1] expresó valores y principios definitivos de ágil como el uso del impulso sustancial logrado por ágil (ver Sección 2.1). Hoy en día, los líderes y los equipos de proyecto se encuentran en un entorno interrumpido por los avances exponenciales en la tecnología y por las demandas de los clientes para una entrega de valor más inmediata. Las técnicas y enfoques ágiles manejan eficazmente las tecnologías disruptivas. Además, el primer principio de ágil pone la satisfacción del cliente como la prioridad más alta, y es clave en la entrega de productos y servicios que deleiten a los clientes (ver Sección 2.1). Con el uso generalizado de las redes sociales se dispone de rápidos y transparentes ciclos de retroalimentación por parte de los clientes. Por lo tanto, a fin de mantenerse competitivas y relevantes, las organizaciones ya no pueden enfocarse en sí mismas, sino más bien se concentran en la experiencia del cliente.

---

[1] Los números entre corchetes remiten a la lista de referencias que aparece al final de esta guía práctica.

Las tecnologías disruptivas están cambiando rápidamente las reglas del juego al disminuir las barreras de entrada. Las organizaciones más maduras son cada vez más propensas a ser muy complejas y potencialmente lentas para innovar, y quedan rezagadas en la entrega de nuevas soluciones a sus clientes. Estas organizaciones se encuentran compitiendo con organizaciones más pequeñas y de reciente creación (startups) que son capaces de producir rápidamente productos que se ajusten a las necesidades del cliente. Esta velocidad de cambio continuará impulsando a las grandes organizaciones para adoptar una mentalidad ágil a fin de mantenerse competitivas y conservar su cuota de mercado.

La *Guía Práctica de Ágil* está centrada en los proyectos y aborda la selección del ciclo de vida del proyecto, la implementación de ágil y las consideraciones organizativas para proyectos ágiles. La gestión de cambios en la organización (OCM, por sus siglas en inglés) es esencial para implementar o transformar prácticas, pero ya que OCM es una disciplina en sí misma está fuera del alcance de esta guía práctica. Aquellos que buscan orientación con respecto a OCM pueden referirse a *Gestión del Cambio en las Organizaciones—Guía Práctica* [2].

Los elementos adicionales que están dentro del alcance y fuera del alcance de esta guía práctica se enumeran en la Tabla 1-1.

TECNOLOGÍA DISRUPTIVA

La tecnología disruptiva está habilitada especialmente por la transición a la computación en la nube. Empresas de todo el mundo están aprovechando el modelo para lograr un acceso rápido y barato a los recursos informáticos y para conseguir entrar en los mercados tradicionales. La computación en la nube requiere un pago inicial reducido, pero se paga a través del tiempo mediante un servicio de suscripción, basado en un modelo de pago sobre la marcha o de pago por lo que se use. Las aplicaciones, la infraestructura y las plataformas actualizadas son liberadas a la nube de forma iterativa e incremental, manteniéndose al ritmo de las mejoras en la tecnología y la evolución de la demanda de los clientes.

Tabla 1-1. Elementos Dentro y Fuera del Alcance

Dentro del Alcance	Fuera del Alcance
Implementación de enfoques ágiles a nivel de proyecto o de equipo	Implementación de ágil en toda la organización o creación de programas ágiles
Cobertura de los enfoques ágiles más populares, según las encuestas del sector	Cobertura de enfoques de nicho, métodos específicos para la empresa o técnicas incompletas de ciclo de vida
Factores de idoneidad a considerar al elegir un enfoque y/o práctica Ágil	Recomendación o aprobación de un enfoque/práctica en particular
Mapeo de ágil a los procesos y Áreas de Conocimiento de la *Guía del PMBOK®*	Cambio o modificación de los procesos y Áreas de Conocimiento de la *Guía del PMBOK®*
Discusión sobre el uso de ágil más allá del desarrollo de software	Eliminación de la influencia de la industria del software sobre los enfoques ágiles. (Tenga en cuenta que el software está incluido en esta guía práctica, aunque el uso de ágil está aumentando en muchas otras industrias más allá del software).
Orientación, técnicas y enfoques a considerar al implementar ágil en proyectos u organizaciones	Instrucciones paso a paso sobre cómo implementar ágil en proyectos u organizaciones
Definiciones de términos generalmente aceptados	Nuevos términos y/o definiciones

Esta guía práctica está destinada a equipos del proyecto que se encuentren en un punto medio entre los enfoques predictivo y ágil, que estén tratando de abordar la innovación rápida y la complejidad, y que se dediquen a la mejora del equipo. Esta guía práctica proporciona una orientación útil para proyectos exitosos que ofrecen valor del negocio a fin de satisfacer las expectativas y necesidades del cliente.

Esta guía práctica está organizada de la siguiente manera:

Sección 2 Una Introducción a Ágil—Esta sección incluye la mentalidad, valores y principios del Manifiesto de Ágil. También abarca los conceptos de trabajo definible y de alta incertidumbre, y la correlación entre los enfoques simplificado, Método Kanban y ágil.

Sección 3 Selección del Ciclo de Vida—Esta sección presenta los diversos ciclos de vida discutidos en esta guía práctica. Esta sección también aborda los filtros de idoneidad, las directrices para adaptación y las combinaciones de enfoques más comunes.

Sección 4 Implementación de Ágil: Creación de un Entorno Ágil—En esta sección se analizan los factores críticos a considerar al crear un entorno ágil, tales como el liderazgo de servicio y la composición del equipo.

Sección 5 Implementación de Ágil: Entregas en un Entorno Ágil—Esta sección incluye información sobre cómo organizar equipos y sobre prácticas comunes que los equipos pueden utilizar para entregar valor de manera regular. Proporciona ejemplos de mediciones empíricas para los equipos y para informar del estado.

Sección 6 Consideraciones Organizacionales para la Agilidad del Proyecto—Esta sección explora los factores organizacionales que influyen sobre el uso de enfoques ágiles, tales como la cultura, la preparación, las prácticas comerciales y el rol de una PMO.

Sección 7 Una llamada a la acción—La llamada a la acción solicita retroalimentación para la mejora continua de esta guía práctica.

Los anexos, apéndices, referencias, bibliografía y glosario proporcionan información y definiciones adicionales y útiles:

◆ **Anexos.** Contienen información obligatoria que es demasiado extensa para incluirla en el cuerpo principal de la guía práctica.

◆ **Apéndices.** Contienen información no obligatoria que complementa el cuerpo principal de esta guía práctica.

◆ **Referencias.** Identifican dónde ubicar los estándares y otras publicaciones que se citan en esta guía práctica.

◆ **Bibliografía.** Enumera publicaciones adicionales por sección que proporcionan información detallada sobre los temas cubiertos en esta guía práctica.

◆ **Glosario.** Presenta una lista de términos y sus definiciones que son utilizados en esta guía práctica.

2

UNA INTRODUCCIÓN A ÁGIL

2.1 TRABAJO DEFINIBLE VS. TRABAJO DE ALTA INCERTIDUMBRE

El trabajo de los proyectos varía desde el trabajo definible hasta el trabajo de alta incertidumbre. Los proyectos de trabajos definibles se caracterizan por procedimientos claros que han tenido éxito en el pasado en proyectos similares. La producción de un automóvil, un electrodoméstico o una vivienda, después de completar el diseño, son ejemplos de trabajos definibles. El dominio de la producción y los procesos involucrados son generalmente bien entendidos, y normalmente existen bajos niveles de incertidumbre y riesgo de ejecución.

Un nuevo diseño, la resolución de problemas y algo no realizado antes es trabajo exploratorio. Este requiere que expertos en la materia colaboren y resuelvan los problemas a fin de crear una solución. Los ejemplos de personas que se enfrentan a un trabajo de alta incertidumbre incluyen: ingenieros de sistemas de software, diseñadores de productos, médicos, profesores, abogados y muchos ingenieros que se dedican a solucionar problemas. A medida que se automatiza el trabajo más definible, los equipos del proyecto están llevando a cabo proyectos con trabajo de alta incertidumbre que requieren de las técnicas descritas en esta guía práctica.

Los proyectos de alta incertidumbre exhiben altas tasas de cambio, complejidad y riesgo. Estas características pueden presentar problemas para los enfoques predictivos tradicionales que apuntan a determinar la mayor parte de los requisitos al inicio, y a controlar los cambios a través de un proceso de solicitud de cambio. En cambio, los enfoques ágiles fueron creados para explorar la viabilidad en ciclos cortos, y adaptarse rápidamente en función de la evaluación y la retroalimentación.

2.2 EL MANIFIESTO DE ÁGIL Y LA MENTALIDAD ÁGIL

Los líderes del pensamiento en la industria del software formalizaron el movimiento de ágil en 2001 con la publicación del Manifiesto para el Desarrollo Ágil de Software (ver Gráfico 2-1).

Estamos descubriendo mejores maneras de desarrollar el software, haciéndolo y ayudando a otros a hacerlo. Mediante este trabajo hemos llegado a valorar:

Individuos e interacciones más que procesos y herramientas

Software que funcione más que documentación completa

Colaboración con el cliente más que negociación del contrato

Respondiendo al cambio más que seguir un plan

Es decir, mientras que hay valor en los elementos a la derecha, valoramos más los elementos a la izquierda.

© 2001, los autores de Manifiesto de Ágil

Gráfico 2-1. Los Cuatro Valores del Manifiesto de Ágil

Doce principios explicativos surgieron de estos valores, como se muestra en el Gráfico 2-2.

1. Nuestra máxima prioridad es satisfacer al cliente mediante la entrega temprana y continua de software con valor.

2. Los cambios a los requerimientos son bienvenidos, incluso en etapas avanzadas del desarrollo. Los procesos ágiles aprovechan el cambio para lograr la ventaja competitiva del cliente.

3. Entregar software funcional con frecuencia, desde un par de semanas a un par de meses, con preferencia por la escala de tiempo más corta.

4. El negocio y los desarrolladores deben trabajar en conjunto todos los días durante todo el proyecto.

5. Construir proyectos alrededor de individuos motivados. Darles el entorno y el apoyo que necesiten, y confiar en ellos para hacer el trabajo.

6. El método más eficiente y eficaz de transmitir información a un equipo de desarrollo, y dentro de él, es la conversación cara a cara.

7. El software que funciona es la medida principal del progreso.

8. Los procesos ágiles promueven el desarrollo sostenible. Los patrocinadores, desarrolladores y usuarios deberían poder mantener un ritmo constante en forma indefinida.

9. La atención continua a la excelencia técnica y el buen diseño mejora la agilidad.

10. La simplicidad (el arte de maximizar la cantidad de trabajo no realizado) es esencial.

11. Las mejores arquitecturas, requerimientos y diseños surgen de equipos auto-organizados.

12. A intervalos regulares, el equipo reflexiona sobre cómo ser más efectivo, para a continuación ajustar y perfeccionar su comportamiento en consecuencia.

Gráfico 2-2. Los Doce Principios Detrás del Manifiesto de Ágil

Aunque originarios de la industria del software, estos principios se han extendido desde entonces a muchos otros sectores.

Esta representación de mentalidad, valores y principios define lo que constituye un enfoque ágil. Los diversos enfoques ágiles en uso hoy día comparten raíces comunes con la mentalidad, el valor y los principios ágiles. El Gráfico 2-3 muestra esta relación.

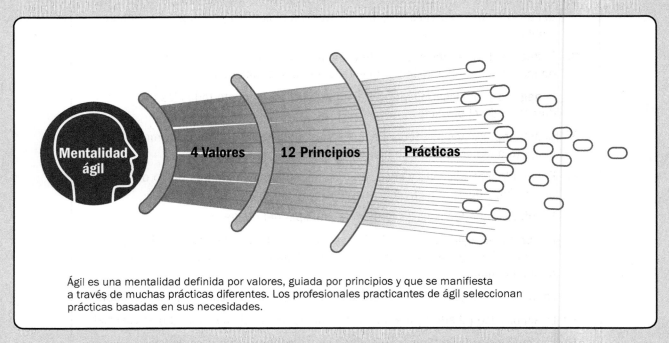

Ágil es una mentalidad definida por valores, guiada por principios y que se manifiesta a través de muchas prácticas diferentes. Los profesionales practicantes de ágil seleccionan prácticas basadas en sus necesidades.

Gráfico 2-3. La Relación Entre los Valores y Principios del Manifiesto de Ágil y las Prácticas Comunes

Como se muestra en la figura 2-3, el modelo inspirado por Ahmed Sidky articula la agilidad como una mentalidad definida por los valores del Manifiesto de Ágil, guiada por los principios del Manifiesto de Ágil, y habilitada por varias prácticas. Vale la pena señalar que mientras que el término "ágil" se hizo popular después del Manifiesto, los enfoques y técnicas que utilizan los equipos de proyecto existieron por muchos años y, en algunos casos por décadas, antes del Manifiesto de Ágil.

Los *enfoques ágiles* y los *métodos ágiles* son términos genéricos que abarcan una variedad de marcos de referencia y métodos. El Gráfico 2-4 sitúa a la agilidad en un contexto, y la visualiza como un término general, refiriéndose a cualquier tipo de enfoque, técnica, marco de referencia, método o práctica que cumpla los valores y principios del Manifiesto de Ágil. El Gráfico 2-4 también muestra a la agilidad y al Método Kanban como subconjuntos de Lean. Esto se debe a que son ejemplos nombrados del Pensamiento Lean que comparten conceptos simplificados, tales como: "centrarse en el valor", "lotes de pequeño tamaño" y "eliminación de residuos".

¿Es ágil un enfoque, un método, una práctica, una técnica o un marco de referencia? Dependiendo de la situación, cualquiera o todos estos términos podrían aplicarse. Esta guía práctica usa el término "enfoque" a menos que uno de los otros términos resulte obviamente más correcto.

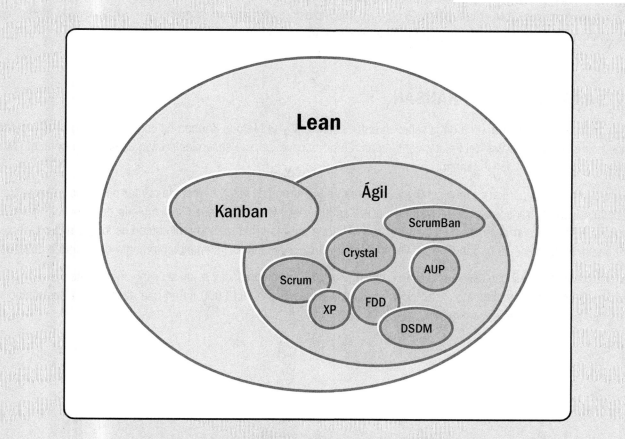

Gráfico 2-4. Ágil es un Término Genérico para Muchos Enfoques

En general, existen dos estrategias para cumplir con los valores y principios de ágil. La primera es adoptar un enfoque ágil formal, intencionalmente diseñado y probado, para lograr los resultados deseados. Luego invertir tiempo en aprender y entender los enfoques ágiles antes de cambiarlos o adaptarlos. La adaptación prematura y al azar puede minimizar los efectos del enfoque y de esa forma limitar los beneficios. *(Ver el Apéndice X2 para visualizar las Consideraciones sobre Adopción).*

La segunda estrategia es implementar cambios en las prácticas del proyecto de una manera tal que se ajuste al contexto del proyecto, a fin de lograr progresar sobre un valor o principio fundamental. Utilizar períodos de tiempo preestablecidos (timeboxes) para crear funciones, o técnicas específicas para perfeccionar iterativamente las funciones. Considerar la posibilidad de dividir un proyecto grande en varias entregas, si es que eso funciona dentro del contexto específico del proyecto. Implementar cambios que ayudarán al éxito del proyecto: los cambios no precisan ser parte de las prácticas formales de la organización. El objetivo final no está en ser ágil por sí mismo, sino más bien en ofrecer un flujo continuo de valor a los clientes y lograr mejores resultados de negocio.

2.3 LEAN Y EL MÉTODO KANBAN

Una manera de pensar acerca de la relación entre Lean, ágil y el Método Kanban es considerar a ágil y al Método Kanban como descendientes del Pensamiento Lean. En otras palabras, el Pensamiento Lean es un súper conjunto que comparte atributos con ágil y Kanban.

Esta herencia compartida es muy similar y se centra en la entrega de valor, el respeto por las personas, la reducción del desperdicio, la transparencia, la adaptación al cambio y la mejora continua. Los equipos del proyecto a veces encuentran útil mezclar diversos métodos—lo que funcione para la organización o el equipo es lo que debe hacerse, independientemente de su origen. El objetivo es obtener el mejor resultado, independientemente del enfoque utilizado.

El Método Kanban es inspirado por el sistema de manufactura Lean original y se utiliza específicamente para trabajos relacionados con el conocimiento. Apareció a mediados de la década del 2000 como una alternativa a los métodos ágiles que prevalecían en ese momento.

El Método Kanban es menos prescriptivo que algunos enfoques ágiles y menos disruptivo, ya que es el enfoque original de "comenzar con lo que se hace ahora". Los equipos de proyecto pueden comenzar a aplicar el Método Kanban con relativa facilidad y avanzar hacia otros enfoques ágiles, si eso es lo que consideran necesario o apropiado. Para obtener más detalles sobre el Método Kanban, véase el Anexo A3 sobre la Visión General de los Marcos de Referencia Ágil y Lean.

●●●●●

CASO

Hay y probablemente siempre habrá mucho debate alrededor del Método Kanban y de si pertenece al movimiento Lean o ágil. Fue concebido en y alrededor de la manufactura Lean, pero es ampliamente utilizado en entornos ágiles.

●●●●●

2.4 INCERTIDUMBRE, RIESGO Y SELECCIÓN DEL CICLO DE VIDA

Algunos proyectos presentan una incertidumbre considerable en torno a los requisitos del proyecto y a la forma de satisfacerlos utilizando el conocimiento y la tecnología actuales. Estas incertidumbres pueden contribuir a elevadas tasas de cambio y a la complejidad del proyecto. Estas características son ilustradas en el Gráfico 2-5.

A medida que aumenta la incertidumbre del proyecto, así aumenta el riesgo del retrabajo y la necesidad de utilizar un enfoque diferente. A fin de mitigar el impacto de estos riesgos, los equipos seleccionan ciclos de vida que les permiten abordar proyectos con elevada incertidumbre a través de pequeños incrementos de trabajo.

Los equipos pueden verificar su trabajo cuando usan pequeños incrementos y pueden modificar lo que harán a continuación. Cuando los equipos entregan pequeños incrementos, pueden entender mejor los requisitos del cliente, de manera más rápida y precisa que con una especificación escrita y estática.

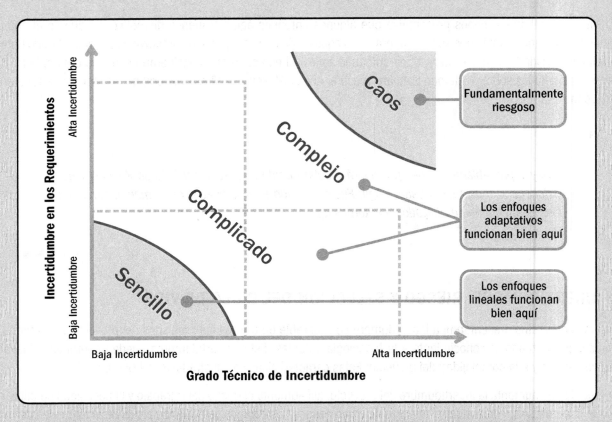

Gráfico 2-5. Modelo de Incertidumbre y Complejidad Inspirado en el Modelo de Complejidad de Stacey

Los equipos pueden planificar y gestionar proyectos con requisitos claros y estables, y resolver retos técnicos con poca dificultad. Sin embargo, a medida que aumenta la incertidumbre en el proyecto, también aumenta la probabilidad de cambios, trabajo desperdiciado y retrabajo, todo lo cual es costoso y requiere de mucho tiempo.

Algunos equipos han evolucionado los ciclos de vida del proyecto a fin de utilizar enfoques iterativos e incrementales. Muchos equipos descubren que cuando exploran los requisitos de forma iterativa y entregan con mayor frecuencia y de forma incremental, se adaptan a los cambios más fácilmente. Estos enfoques iterativos e incrementales reducen el desperdicio y el retrabajo, debido a que los equipos obtienen retroalimentación. Estos enfoques utilizan:

◆ Ciclos de retroalimentación muy cortos,

◆ Adaptación frecuente del proceso,

◆ Redefinición de prioridades,

◆ Planes actualizados regularmente, y

◆ Entregas frecuentes.

CONSEJO

¿Qué significan proyectos sencillos, complicados y complejos? Analice proyectos de gran envergadura, tales como el proyecto de construcción Big Dig de Boston. A primera vista, el proyecto parecía bastante sencillo: mover la autopista elevada bajo tierra. Se presentó un gran acuerdo sobre los requisitos (véase el eje Y en el Gráfico 2-5). Había poca incertidumbre sobre cómo se llevaría a cabo el proyecto, hasta que se inició. Y, como es el caso con muchos proyectos de gran envergadura, el proyecto se encontró con sorpresas en el camino.

Cuando un equipo trabaja en un proyecto donde hay pocas oportunidades de entregables provisionales o pocas oportunidades para la elaboración de prototipos, el equipo probablemente usará un ciclo de vida predictivo para manejarlo. El equipo puede adaptarse a lo que descubre, pero no podrá utilizar enfoques ágiles para gestionar el descubrimiento iterativo de requisitos o entregas incrementales para fines de retroalimentación.

El proyecto de Big Dig no fue sencillo en ningún aspecto. Sin embargo, muchos proyectos que comienzan en la parte inferior izquierda del Modelo de Complejidad de Stacey no disponen de ningún medio real para cambiar a otros enfoques. Evaluar el proyecto, tanto en los requisitos como en los medios de entrega, a fin de determinar el mejor enfoque para el ciclo de vida del proyecto.

Estos enfoques iterativos, incrementales y ágiles funcionan bien para proyectos que involucran herramientas, técnicas, materiales o dominios de aplicación nuevos o novedosos. (Consultar la Sección 3 sobre Selección del Ciclo de Vida). También operan bien para proyectos que:

◆ Requieren investigación y desarrollo;

◆ Presentan altas tasas de cambio;

◆ Tienen requisitos, incertidumbres o riesgos poco claros o desconocidos; o

◆ Tienen un objetivo final que resulta difícil de describir.

Al construir un pequeño incremento y luego probarlo y revisarlo, el equipo puede explorar la incertidumbre a bajo costo en un corto tiempo, reducir el riesgo y maximizar la entrega de valor de negocio. Esta incertidumbre puede estar centrada en la idoneidad y los requisitos (¿se está construyendo el producto correcto?); la viabilidad técnica y el desempeño (¿puede este producto ser construido de esta manera?); o el proceso y las personas (¿es ésta una manera efectiva para que el equipo trabaje?). Estas tres características—la especificación del producto, la capacidad de producción y la idoneidad del proceso—suelen presentar elementos de alta incertidumbre.

Sin embargo, los enfoques iterativos e incrementales tienen límites en su aplicabilidad. Cuando la incertidumbre en la tecnología y la incertidumbre en los requisitos son muy altas (la parte superior derecha del Gráfico 2-5), el proyecto pasa de complejo a caótico. Para que el proyecto se vuelva confiablemente posible, se necesita que una de las variables de incertidumbre esté acotada.

3

SELECCIÓN DEL CICLO DE VIDA

Los proyectos se presenta de muchas formas, y existe una variedad de maneras de emprenderlos. Los equipos de proyecto necesitan estar conscientes de las características y opciones disponibles a fin de seleccionar el enfoque con mayor probabilidad de tener éxito para la situación.

Esta guía práctica se refiere a cuatro tipos de ciclos de vida, definidos de la siguiente manera:

◆ **Ciclo de vida predictivo.** Un enfoque más tradicional, en el que la mayor parte de la planificación ocurre por adelantado, y luego se ejecuta en una sola pasada; es un proceso secuencial.

◆ **Ciclo de vida iterativo.** Un enfoque que permite obtener retroalimentación para el trabajo sin terminar, a fin de mejorar y modificar ese trabajo.

◆ **Ciclo de vida incremental.** Un enfoque que proporciona entregables terminados que el cliente puede utilizar de inmediato.

◆ **Ciclo de vida ágil.** Un enfoque que es tanto iterativo como incremental a fin de refinar los elementos de trabajo y poder entregar con frecuencia.

¿CÓMO DENOMINAR A LOS ENFOQUES QUE NO SON ÁGILES?

No existe un término único que se use universalmente para describir los enfoques que no son ágiles. Inicialmente, la guía práctica usó el término *orientado por el plan* para describir el énfasis en un plan inicial y luego en la ejecución de ese plan. Algunas personas prefieren los términos *cascada* o *serie* para describir este tipo de ciclo de vida. Al final, nos decidimos por el término *predictivo*, puesto que es el utilizado en la *Guía de los Fundamentos para la Dirección de Proyectos (Guía del PMBOK®)* [3] y en la *Extensión de software a la Guía del PMBOK® Quinta Edición* [4].

Muchas organizaciones no experimentan ninguno de estos extremos, y en cambio se mueven por un terreno intermedio. Eso es normal, pero todavía necesitamos una manera para hablar acerca de ambos extremos del espectro. Si ágil está en un extremo, llamamos al otro extremo predictivo.

3.1 CARACTERÍSTICAS DE LOS CICLOS DE VIDA DEL PROYECTO

La Tabla 3-1 resume las características de las cuatro categorías de ciclo de vida cubiertas en esta guía práctica.

Tabla 3-1. Características de las Cuatro Categorías de Ciclos de Vida

Características				
Enfoque	**Requisitos**	**Actividades**	**Entrega**	**Meta**
Predictivo	Fijos	Realizados una vez para todo el proyecto	Entrega única	Gestionar costos
Iterativo	Dinámicos	Repetidos hasta que esté correcto	Entrega única	Corrección de la solución
Incremental	Dinámicos	Realizados una vez para un incremento dado	Entregas frecuentes más pequeñas	Velocidad
Ágil	Dinámicos	Repetidos hasta que esté correcto	Entregas pequeñas frecuentes	Valor para el cliente mediante entregas frecuentes y retroalimentación

Es importante señalar que todos los proyectos poseen estas características—ningún proyecto carece totalmente de consideraciones en torno a los requisitos, la entrega, el cambio y los objetivos. Las características inherentes a un proyecto determinan qué ciclo de vida resulta más adecuado para ese proyecto.

Otra forma de entender cómo varían los ciclos de vida de los proyectos es utilizando un continuo que va desde los ciclos predictivos en un extremo hasta los ciclos ágiles en el otro, con los ciclos iterativos o incrementales en el medio.

El Gráfico X3-1 del Apéndice X3 de la *Guía del PMBOK®* – Sexta Edición muestra el continuo como una línea plana. Esta visión enfatiza el desplazamiento de las características del proyecto de un extremo a otro. Otra forma de visualizar el continuo es con un cuadrado bidimensional, como se muestra en el Gráfico 3-1.

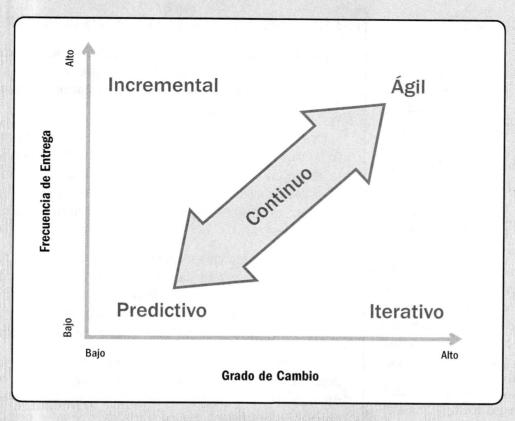

Gráfico 3-1. El Continuo de los Ciclos de Vida

Ningún ciclo de vida puede resultar perfecto para todos los proyectos. Por el contrario, cada proyecto encuentra un punto en el continuo que proporciona un equilibrio óptimo de características para su contexto. Específicamente,

◆ **Ciclos de vida predictivos.** Aprovechan las cosas que son conocidas y probadas. Esta reducción en incertidumbre y complejidad permite a los equipos segmentar el trabajo en una secuencia de agrupaciones predecibles.

◆ **Ciclos de vida iterativos.** Permiten obtener retroalimentación sobre trabajo parcialmente terminado o sin terminar, a fin de mejorarlo y modificarlo.

◆ **Ciclos de vida incrementales.** Proporcionan entregables terminados que el cliente puede utilizar de inmediato.

◆ **Ciclos de vida ágiles.** Aprovechan tanto los aspectos de las características iterativas como los de las incrementales. Cuando los equipos usan enfoques ágiles, iteran sobre el producto a fin de crear entregables terminados. El equipo obtiene retroalimentación temprana y proporciona al cliente visibilidad, confianza y control sobre el producto. Puesto que el equipo puede liberar más temprano, el proyecto puede lograr un retorno sobre la inversión anticipado, ya que el equipo entrega el trabajo de mayor valor en primer lugar.

LA PLANIFICACIÓN SIEMPRE ESTÁ PRESENTE

Un ingrediente clave a recordar acerca de los ciclos de vida es que cada uno de ellos comparte el elemento de planificación. Lo que diferencia a un ciclo de vida no es si se hace la planificación, sino cuánta planificación se hace y cuándo.

En el extremo predictivo del continuo, el plan dirige el trabajo. Por adelantado, se realiza tanta planificación como sea posible. Los requisitos son identificados con el mayor detalle posible. El equipo estima cuándo puede entregar qué entregables, y lleva a cabo de forma exhaustiva actividades de adquisición.

En los enfoques iterativos, también se planifican prototipos y pruebas, pero las salidas pretenden modificar los planes creados al principio. Las revisiones tempranas del trabajo no completado ayudan a informar sobre el trabajo futuro del proyecto.

Mientras tanto, las iniciativas incrementales planean entregar subconjuntos sucesivos del proyecto en general. Los equipos pueden planificar varias entregas sucesivas de antemano o solo una a la vez. Las entregas informan sobre el futuro trabajo del proyecto.

En los proyectos ágiles también se planifica. La diferencia clave es que el equipo planifica y replanifica a medida que se obtiene más información a partir de la revisión de las entregas frecuentes. Independientemente del ciclo de vida del proyecto, el proyecto requiere planificación.

3.1.1 CARACTERÍSTICAS DE LOS CICLOS DE VIDA PREDICTIVOS

Los ciclos de vida predictivos esperan aprovechar la elevada certidumbre en torno a los requisitos de la empresa, un equipo estable y un bajo riesgo. Como resultado, las actividades del proyecto a menudo son ejecutadas en serie, como se muestra en el Gráfico 3-2.

Para lograr este enfoque, el equipo requiere planes detallados a fin de saber qué entregar y cómo. Estos proyectos tienen éxito cuando se restringen otros cambios potenciales (por ejemplo, cambios en los requisitos; los miembros del equipo del proyecto modifican lo que el equipo entrega). Los líderes de equipo pretenden minimizar los cambios para el proyecto predictivo.

Cuando el equipo crea requisitos y planes detallados al comienzo del proyecto, puede expresar las restricciones. El equipo puede entonces utilizar esas restricciones para administrar el riesgo y el costo. A medida que el equipo progresa en el plan detallado, monitorea y controla los cambios que podrían afectar el alcance, el cronograma o el presupuesto.

Al enfatizar una secuencia de trabajo eficiente a nivel funcional o por departamentos, los proyectos predictivos normalmente no entregan valor del negocio hasta el final del proyecto. Si el proyecto predictivo encuentra cambios o desacuerdos con los requisitos, o si ya no resulta sencilla la solución tecnológica, el proyecto predictivo incurrirá en costos imprevistos.

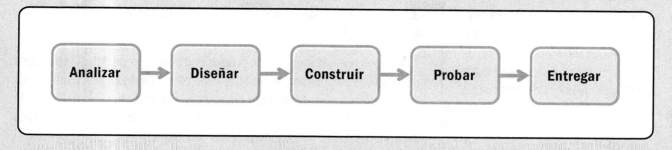

Gráfico 3-2. Ciclo de Vida Predictivo

3.1.2 CARACTERÍSTICAS DE LOS CICLOS DE VIDA ITERATIVOS

Los ciclos de vida iterativos mejoran el producto o resultado por medio de prototipos sucesivos o pruebas de concepto. Cada nuevo prototipo produce una nueva retroalimentación de los interesados y nuevas percepciones del equipo. Luego, el equipo integra la nueva información repitiendo una o más actividades del proyecto en el siguiente ciclo. Los equipos pueden utilizar períodos de tiempo preestablecidos (timeboxes) en una iteración dada durante unas pocas semanas, recopilar percepciones y luego volver a trabajar la actividad basándose en esos conocimientos. De este modo, las iteraciones ayudan a identificar y reducir la incertidumbre en el proyecto.

Los proyectos se benefician de los ciclos de vida iterativos cuando la complejidad es alta, cuando el proyecto incurre en cambios frecuentes, o cuando el alcance está sujeto a las opiniones de diferentes interesados sobre el producto final deseado. Los ciclos de vida iterativos pueden tomar más tiempo debido a que están optimizados para el aprendizaje en lugar de la velocidad en la entrega.

El Gráfico 3-3 ilustra algunos elementos de un ciclo de vida del proyecto iterativo para una única entrega de producto.

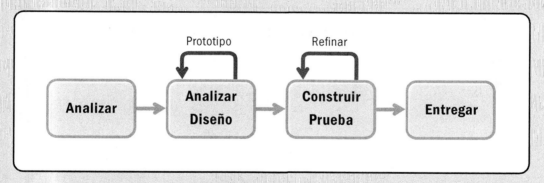

Gráfico 3-3. Ciclo de Vida Iterativo

3.1.3 CARACTERÍSTICAS DE LOS CICLOS DE VIDA INCREMENTALES

Algunos proyectos optimizan la velocidad en la entrega. Muchos negocios e iniciativas no pueden permitirse esperar a que todo se complete; en estos casos, los clientes están dispuestos a recibir un subconjunto de la solución completa. Esta entrega frecuente de entregables más pequeños se denomina ciclo de vida incremental (ver Gráfico 3-4).

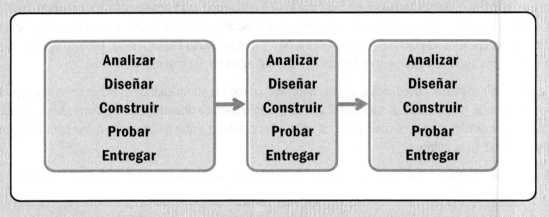

Gráfico 3-4. Un Ciclo de Vida de Incrementos de Tamaño Variable

CONSEJO

¿No está seguro de cómo podría funcionar en la práctica un nuevo servicio de negocios? Cree una prueba de concepto con criterios de evaluación a fin de explorar los resultados deseados. Use enfoques iterativos cuando sospeche que los requisitos cambiarán en función de la retroalimentación de los clientes.

Los ciclos de vida incrementales optimizan el trabajo a fin de entregar valor a los patrocinadores o clientes más a menudo que un solo producto final. Los equipos planifican las entregas iniciales antes de iniciar su trabajo, y comienzan a trabajar en esa primera entrega tan pronto como sea posible. Algunos proyectos ágiles entregan valor a los pocos días de la iniciación del proyecto. Otros podrían tomar más tiempo, de una a varias semanas.

A medida que el proyecto continúa, el equipo se puede desviar de la visión original. El equipo puede manejar las desviaciones, porque entrega valor más pronto. El grado de cambio y variación es menos importante que garantizar que los clientes obtengan valor antes que se llegue al final del proyecto.

Proporcionar a un cliente una sola característica o un trabajo ya terminado es un ejemplo del enfoque incremental.

Por ejemplo, los constructores pueden querer exhibir una habitación o piso terminado de un edificio antes de continuar con el resto del mismo. En ese caso, pueden completar un piso con los accesorios, la pintura y todo lo demás destinado para el piso terminado, antes de continuar con el siguiente piso. El cliente puede ver y aprobar el estilo, el color y otros detalles, lo que permite realizar ajustes antes de invertir más tiempo y dinero. Esto reduce el retrabajo potencial y/o la insatisfacción del cliente.

La completitud y la entrega son subjetivas. El equipo puede necesitar información sobre un prototipo y puede optar por entregar un producto mínimo viable (MVP, por sus siglas en inglés) a un subconjunto de clientes. La retroalimentación de los clientes ayuda al equipo a aprender lo que necesitan para proporcionar la entrega subsecuente de la característica final.

Los equipos ágiles, como un diferenciador clave, entregan valor del negocio frecuentemente. Como el producto añade un conjunto más amplio de características y una gama más amplia de consumidores, decimos que es entregado de forma incremental.

3.1.4 CARACTERÍSTICAS DE LOS CICLOS DE VIDA ÁGILES

En un entorno ágil el equipo espera que los requisitos cambien. Los enfoques iterativo e incremental proveen retroalimentación a fin de planificar mejor la siguiente parte del proyecto. Sin embargo, en los proyectos ágiles la entrega incremental revela requisitos ocultos o incomprendidos. El Gráfico 3-5 ilustra dos posibles maneras de lograr una entrega incremental para que el proyecto se alinee con las necesidades del cliente y pueda adaptarse según sea necesario.

Gráfico 3-5. Ciclos de Vida Ágiles Basados en Iteraciones y Basados en Flujos

En ágil basado en iteraciones, el equipo trabaja en iteraciones (períodos de tiempo preestablecidos de igual duración) a fin de entregar características completadas. El equipo trabaja sobre la característica más importante, colaborando como equipo para terminarla. A continuación el equipo trabaja sobre la siguiente característica más importante y la termina. El equipo puede decidir trabajar sobre algunas características a la vez, pero el equipo no aborda de una vez todo el trabajo necesario para la iteración (es decir, no aborda todos los requisitos, seguidos por todos los análisis, etc.).

En ágil basado en flujo, el equipo extrae las características del trabajo pendiente basándose en su capacidad para iniciar el trabajo, en lugar de un cronograma basado en iteraciones. El equipo define su flujo de trabajo con columnas sobre un tablero de tareas y gestiona el trabajo en curso para cada columna. Puede tomar una cantidad de tiempo diferente el terminar cada función. Los equipos mantienen limitada la cantidad de trabajo en progreso para identificar con anticipación los incidentes y reducir el retrabajo si se requieren cambios. Sin iteraciones para definir puntos de planificación y revisión, el equipo y los interesados del negocio determinan el cronograma más apropiado para la planificación, las revisiones de productos y las retrospectivas.

Los ciclos de vida ágiles son aquellos que cumplen los principios del Manifiesto de Ágil. En particular, la satisfacción del cliente aumenta con la entrega temprana y continua de productos valiosos. Además, un entregable incremental que sea funcional y proporcione valor es la principal medida del progreso. Los ciclos de vida ágiles combinan enfoques iterativos e incrementales a fin de adaptarse a altos grados de cambio y entregar valor del proyecto más a menudo.

3.1.5 FILTROS DE IDONEIDAD PARA ÁGIL

Existen varios modelos de evaluación para ayudar a determinar las probables adaptaciones o brechas en el uso de enfoques ágiles. Estos modelos evalúan los factores del proyecto y de la organización asociados con la adopción y la idoneidad, y luego proporcionan puntuaciones que indican la alineación o las áreas de riesgo potencial. El Apéndice X3 proporciona una síntesis de modelos populares de evaluación para su uso como filtros de idoneidad para ágil.

3.1.6 CARACTERÍSTICAS DE LOS CICLOS DE VIDA HÍBRIDOS

No es necesario usar un enfoque único para todo un proyecto. Los proyectos a menudo combinan elementos de diferentes ciclos de vida a fin de lograr ciertos objetivos. Un enfoque híbrido es una combinación de enfoques predictivos, iterativos, incrementales y/o ágiles.

El Gráfico 3-6 muestra los enfoques básicos y puros a los tipos de proyectos, que son combinados para formar un modelo híbrido. Los primeros procesos utilizan un ciclo de vida de desarrollo ágil, el cual es seguido por una fase de despliegue predictivo. Este enfoque se puede utilizar cuando existen incertidumbre, complejidad y riesgo en la porción de desarrollo del proyecto que se beneficiaría de un enfoque ágil, seguido de una fase de implementación definida y repetible que es apropiada para ser emprendida de manera predictiva, tal vez por un equipo diferente. Un ejemplo de este enfoque es el desarrollo de un nuevo producto de alta tecnología, seguido por el despliegue y la capacitación para miles de usuarios.

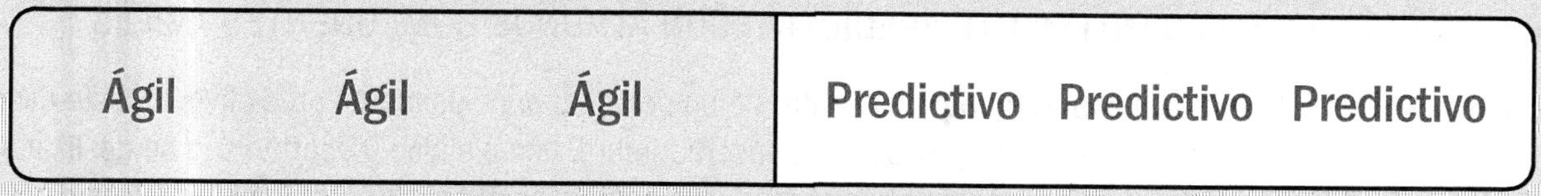

Ágil	Ágil	Ágil	Predictivo Predictivo Predictivo

Gráfico 3-6. Desarrollo Ágil Seguido de un Despliegue Predictivo

3.1.7 ENFOQUES COMBINADOS ÁGILES Y PREDICTIVOS

Otro enfoque consiste en usar una combinación de enfoques ágiles y predictivos a lo largo de todo el ciclo de vida.

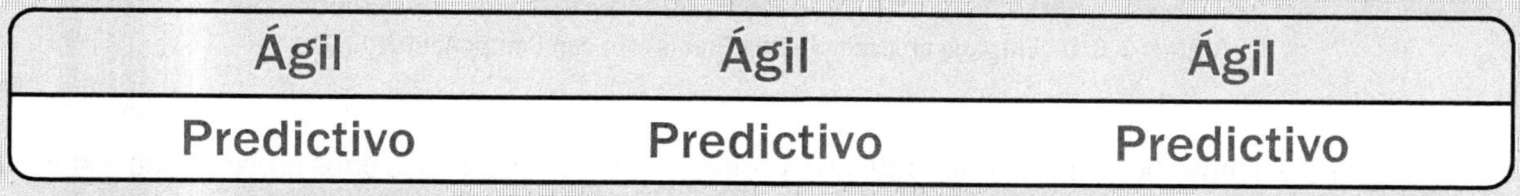

Ágil	Ágil	Ágil
Predictivo	Predictivo	Predictivo

Gráfico 3-7. Un Enfoque Combinado de Ágil y Predictivo Usado Simultáneamente

En el Gráfico 3-7, se utiliza una combinación de enfoques predictivo y ágil en el mismo proyecto. Tal vez el equipo está pasando gradualmente a la agilidad y utilizando algunos enfoques como iteraciones cortas, reuniones diarias de pie (daily standups) y retrospectivas, pero otros aspectos del proyecto tales como la estimación inicial, la asignación de trabajos y el seguimiento del progreso continúan siguiendo enfoques predictivos.

La utilización de enfoques predictivos y ágiles es un escenario común. Sería engañoso llamar al enfoque ágil, ya que claramente no incorpora plenamente la mentalidad y los valores ágiles y los principios de Ágil. Sin embargo, también resultaría inexacto llamarlo predictivo, ya que es un enfoque híbrido.

3.1.8 ENFOQUE PREDOMINANTEMENTE PREDICTIVO CON ALGUNOS COMPONENTES ÁGILES

El Gráfico 3-8 muestra un pequeño elemento ágil dentro de un proyecto principalmente predictivo. En este caso, se está abordando de manera ágil una parte del proyecto con incertidumbre, complejidad u oportunidad de deslizamiento del alcance, pero el resto del proyecto se está manejando mediante enfoques predictivos. Un ejemplo para este enfoque sería una empresa de ingeniería que está construyendo una instalación con un nuevo componente.

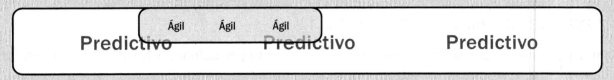

Gráfico 3-8. Un Enfoque en Gran Medida Predictivo, con Componentes Ágiles

Si bien la mayoría del proyecto puede resultar rutinaria y previsible, como en muchos otros proyectos de instalaciones físicas que la organización ha emprendido antes, este proyecto incorpora un nuevo material para techos. El contratista puede planificar algunos ensayos de instalación a pequeña escala primero en el terreno, para determinar el mejor método de instalación y para descubrir incidentes en forma temprana, mientras que hay mucho tiempo para resolverlos y mejorar de forma incremental los procesos por medio de la experimentación y la adaptación.

3.1.9 UN ENFOQUE EN GRAN MEDIDA ÁGIL, CON UN COMPONENTE PREDICTIVO

El Gráfico 3-9 muestra un enfoque en gran medida ágil, con un componente predictivo. Este enfoque podría ser usado cuando un elemento en particular no es negociable o no puede ser ejecutado usando un enfoque ágil. Los ejemplos incluyen la integración de un componente externo desarrollado por un proveedor diferente, que no puede o no quiere asociarse de manera colaborativa o incremental. Se requiere una sola integración después de que se entregue el componente.

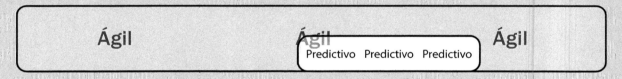

Gráfico 3-9. Un Enfoque en Gran Medida Ágil con un Componente Predictivo

Un departamento gubernamental tenía un proyecto de desarrollo de aplicaciones para seguros de crédito. El proyecto plurianual consistía en reemplazar su antiguo sistema para reasegurar por uno nuevo con una interfaz de usuario más flexible e integración de sistemas. La mayor parte del proyecto se llevó a cabo utilizando un enfoque ágil con el aporte continuo del negocio.

Los cálculos de la tasa preferencial fueron entregados por la Organización para la Cooperación y el Desarrollo Económico (OCDE) en una especificación de 200 páginas. Los pasos fueron claramente explicados sin espacio para confusión (o la confirmación provisional del resultado por parte del negocio), y fueron codificados por un equipo separado que trabajó siguiendo los pasos del cálculo. Los dos equipos colaboraron sobre las variables de entrada requeridas para el cálculo y sobre cómo usar y mostrar los valores de salida, pero más allá de eso el equipo de cálculo trabajó de una manera ampliamente predictiva.

Cuando la parte del equipo de cálculo estuvo completa, se mostraron las salidas de los cálculos de las tasas preferenciales en las pantallas y en los informes. A continuación, los usuarios del negocio brindaron retroalimentación sobre la apariencia y el uso de la información. Los dos equipos operaron al mismo tiempo, pero tenían poca necesidad de interacción. Tenerlos físicamente cerca unos de otros facilitó la verificación del progreso del desarrollo, pero en gran parte eran sub-proyectos separados.

3.1.10 CICLOS DE VIDA HÍBRIDOS ADECUADOS PARA EL PROPÓSITO

Los equipos de proyecto pueden diseñar un ciclo de vida híbrido basado en los riesgos del proyecto. Por ejemplo, un proyecto de construcción del campus puede tener que mejorar y construir varios edificios. Un enfoque incremental concentraría los recursos en completar algunos edificios antes que otros, acelerando el retorno sobre la inversión. Cada entrega individual puede ser suficientemente bien conocida para beneficiarse de un ciclo de vida predictivo para ese edificio por sí solo.

El objetivo de la dirección de proyectos es producir valor del negocio de la mejor manera posible, dado el entorno actual. No importa si esa manera resulta ágil o predictiva. La pregunta que debemos hacer es: "¿Cómo podemos ser más exitosos?"

¿Se necesita retroalimentación a medida que el equipo produce valor? Si es así, los incrementos ayudarán. ¿Es necesario gestionar el riesgo a medida que se exploran las ideas? Si es así, las iteraciones o ágil ayudarán.

Cuando la organización no puede entregar un valor intermedio, los enfoques ágiles pueden resultar inútiles. Eso está bien—la agilidad por sí misma no es la meta. Lo importante es seleccionar un ciclo de vida o una combinación de ciclos de vida que funcionen para el proyecto, los riesgos y la cultura.

Ágil se trata de entregas frecuentes orientadas al cliente. Esa entrega crea retroalimentación para el equipo. El equipo usa esa retroalimentación para planificar y replanificar el siguiente fragmento de trabajo.

3.1.11 CICLOS DE VIDA HÍBRIDOS COMO ESTRATEGIA DE TRANSICIÓN

Muchos equipos no son capaces de hacer el cambio repentino a formas ágiles de trabajar. Las técnicas ágiles se ven y se sienten muy diferentes para quienes están acostumbrados a y han tenido éxito en un entorno predictivo. Cuanto más grande y más cambiante sea la organización, más tiempo tomará la transición. Por esa razón tiene sentido planificar una transición gradual.

Una transición gradual implica agregar técnicas más iterativas para mejorar el aprendizaje y la alineación entre los equipos y los interesados. Más adelante, se debe considerar agregar más técnicas incrementales para acelerar el valor y el retorno sobre la inversión para los patrocinadores. Esta combinación de varios enfoques es considerada un enfoque híbrido.

Pruebe estas nuevas técnicas en un proyecto menos riesgoso con un grado de incertidumbre de medio a bajo. Luego, cuando la organización tenga éxito con un enfoque híbrido, intente proyectos más complejos que requieran agregar más de esas técnicas. Esta es una forma de adaptar la transición híbrida progresiva a la situación y los riesgos específicos de la organización, y a la preparación del equipo para adaptarse y aceptar los cambios.

3.2 MEZCLA DE ENFOQUES ÁGILES

Los equipos ágiles rara vez limitan sus prácticas a un enfoque ágil. Cada contexto de proyecto tiene sus propias peculiaridades, tales como la mezcla variada de habilidades y antecedentes de los miembros del equipo, los diversos componentes del producto en desarrollo, y la edad, la escala, la criticidad, la complejidad y las restricciones reguladoras del entorno dentro del cual se desarrolla el trabajo.

Los marcos de referencia ágiles no están personalizados para el equipo. Es posible que el equipo necesite adaptar las prácticas a fin de entregar valor de manera regular. A menudo, los equipos practican su propia mezcla especial de ágil, incluso si utilizan un marco de referencia particular como punto de partida.

3.3 FACTORES DEL PROYECTO QUE INFLUYEN EN LA ADAPTACIÓN

A veces los atributos del proyecto requieren adaptar un enfoque para lograr un mejor resultado. La Tabla 3-2 identifica algunos factores del proyecto y opciones de adaptación a ser tomadas en consideración.

Tabla 3-2. Opciones de Adaptación para Mejorar el Resultado

Factor del proyecto	Opciones de adaptación
Patrón de la demanda: constante o esporádico	Muchos equipos encuentran que el uso de una cadencia (en forma de una delimitación de tiempo preestablecido) les ayuda a demostrar, hacer retrospectivas, y tomar nuevos trabajos. Además, algunos equipos necesitan más flexibilidad para aceptar más trabajo. Los equipos pueden usar ágil basado en flujo con una cadencia para lograr lo mejor de ambos mundos.
Tasa de mejora de procesos requerida por el nivel de experiencia del equipo	Haga retrospectivas más a menudo y seleccione mejoras.
El flujo de trabajo es interrumpido a menudo por diversos retrasos o impedimentos	Considere la posibilidad de hacer el trabajo visible mediante tableros kanban y experimentar con límites para las diversas áreas del proceso de trabajo con el fin de mejorar el flujo.
La calidad de los incrementos del producto es deficiente	Considere la posibilidad de utilizar las diversas prácticas de desarrollo guiadas por pruebas. Esta disciplina de comprobación de errores hace que sea difícil que los defectos permanezcan sin ser detectados.
Es necesario más de un equipo para construir un producto	Para escalar de uno a varios equipos ágiles, con una interrupción mínima, primero aprenda sobre la dirección ágil del programa o los marcos formales para escalamiento. A continuación elabore un enfoque que se ajuste al contexto del proyecto.
Los miembros del equipo del proyecto carecen de experiencia en el uso de enfoques ágiles	Considere empezar entrenando a los miembros del equipo en los fundamentos de la mentalidad ágil y los principios de Ágil. Si el equipo decide usar un enfoque específico tal como Scrum o Kanban, ofrezca un taller sobre ese enfoque para que los miembros del equipo puedan aprender a usarlo.

Para obtener información adicional sobre los factores que influyen en la adaptación, consulte el Apéndice X2 sobre los Atributos que Influyen en la Adaptación.

4

IMPLEMENTACIÓN DE ÁGIL:
CREACIÓN DE UN ENTORNO ÁGIL

4.1 COMENZAR CON UNA MENTALIDAD ÁGIL

La gestión de un proyecto utilizando un enfoque ágil requiere que el equipo del proyecto adopte una mentalidad ágil. Las respuestas a las siguientes preguntas ayudarán a desarrollar una estrategia de implementación:

◆ ¿Cómo puede el equipo del proyecto actuar de manera ágil?

◆ ¿Qué puede el equipo entregar rápidamente y obtener retroalimentación temprana a fin de beneficiar al siguiente ciclo de entrega?

◆ ¿Cómo puede el equipo del proyecto actuar de manera transparente?

◆ ¿Qué tipo de trabajo se puede evitar para concentrarse en elementos de alta prioridad?

◆ ¿Cómo puede un enfoque de liderazgo de servicio beneficiar al logro de los objetivos del equipo?

4.2 EL LIDERAZGO DE SERVICIO EMPODERA AL EQUIPO

Los enfoques ágiles enfatizan el liderazgo de servicio como una forma de empoderar a los equipos. El liderazgo de servicio es la práctica de liderar a través del servicio al equipo, centrándose en la comprensión y abordando las necesidades y el desarrollo de los miembros del mismo con el fin de permitir el máximo desempeño posible del equipo.

El rol de un líder de servicio es facilitar el descubrimiento del equipo y la definición de ágil. Los líderes de servicio practican e irradian el concepto de ágil. Los líderes de servicio abordan el trabajo del proyecto en este orden:

◆ **Propósito.** Trabajar con el equipo para definir el "por qué" o el propósito a fin de que puedan comprometerse y unirse en torno al objetivo del proyecto. Todo el equipo es optimizado a nivel de proyecto, no al nivel de persona.

◆ **Personas.** Una vez establecido el propósito, animar al equipo a crear un ambiente donde todos puedan tener éxito. Pedir a cada miembro del equipo que contribuya a lo largo del trabajo del proyecto.

◆ **Proceso.** No planificar seguir el proceso ágil "perfecto", sino buscar los resultados. Cuando un equipo multidisciplinario aporta valor terminado frecuentemente y reflexiona sobre el producto y el proceso, el equipo es ágil. No importa cómo el equipo llame a su proceso.

Las siguientes características del liderazgo de servicio permiten a los líderes de proyecto ser más ágiles y facilitar el éxito del equipo:

◆ Promoción de la conciencia de sí mismo;

◆ Escuchar;

◆ Atender a los miembros del equipo;

◆ Ayudar a la gente a crecer;

◆ Facilitar (coaching) versus controlar;

◆ Promover la seguridad, el respeto y la confianza; y

◆ Promover la energía y la inteligencia de los demás.

El liderazgo de servicio no es exclusivo de ágil. Pero una vez que lo han practicado, los líderes de servicio pueden ver generalmente qué tanto el liderazgo de servicio se integra en la mentalidad ágil y el valor de ágil.

Cuando los líderes desarrollan su liderazgo de servicio o sus habilidades facilitadoras, es más probable que se vuelvan ágiles. Como resultado, los líderes de servicio pueden ayudar a sus equipos a colaborar a fin de aportar valor más rápidamente.

Los equipos ágiles exitosos adoptan la mentalidad de crecimiento, en la que la gente cree que puede aprender nuevas habilidades. Cuando el equipo y los líderes de servicio creen que todos pueden aprender, cada uno se vuelve más capaz.

4.2.1 RESPONSABILIDADES DEL LÍDER DE SERVICIO

Los líderes de servicio manejan las relaciones para crear comunicación y coordinación dentro del equipo y en toda la organización. Estas relaciones ayudan a los líderes a navegar por la organización a fin de prestar soporte al equipo. Este tipo de soporte ayuda a eliminar los impedimentos y orienta al equipo para simplificar sus procesos. Debido a que los líderes de servicio entienden la agilidad y practican un enfoque específico para ágil, pueden ayudar a satisfacer las necesidades del equipo.

4.2.1.1 LOS LÍDERES DE SERVICIO FACILITAN

Cuando los directores de proyecto actúan como líderes de servicio, el énfasis cambia de "gestionar la coordinación" a "facilitar la colaboración". Los facilitadores ayudan a todos a reflexionar y a trabajar del modo más acertado. Los facilitadores alientan la participación, la comprensión y la responsabilidad compartida del equipo sobre el resultado. Los facilitadores ayudan al equipo a crear soluciones aceptables.

Los líderes de servicio promueven la colaboración y la conversación dentro del equipo y entre los equipos. Por ejemplo, un líder de servicio ayuda a exponer y comunicar cuellos de botella dentro de un equipo y entre equipos. A continuación los equipos resuelven esos cuellos de botella.

Además, un facilitador alienta la colaboración a través de reuniones interactivas, diálogo informal e intercambio de conocimientos. Los líderes de servicio hacen esto último convirtiéndose en constructores de puentes y orientadores imparciales, en lugar de tomar decisiones por las que otros deberían hacerse responsables.

4.2.1.2 LOS LÍDERES DE SERVICIO ELIMINAN LOS IMPEDIMENTOS ORGANIZACIONALES

El primer valor del Manifiesto de Ágil son las personas y las interacciones sobre procesos y herramientas. ¿Qué mejor responsabilidad para un líder de servicio que realizar un examen cuidadoso sobre los procesos que están obstaculizando la agilidad de un equipo u organización, y trabajar para simplificarlos? Por ejemplo, si un departamento requiere una completa documentación, el rol del líder de servicio podría ser trabajar con ese departamento a fin de revisar la documentación requerida, ayudar a crear un entendimiento compartido sobre cómo las entregas ágiles cumplen con esos requisitos y evaluar la cantidad de documentación requerida, de modo que los equipos inviertan más tiempo entregando productos valiosos en lugar de producir documentación exhaustiva.

Los líderes de servicio también deberían inspeccionar otros procesos que son extensos, causando cuellos de botella e impidiendo la agilidad de un equipo u organización. Los ejemplos de procesos o departamentos que pueden necesitar ser abordados incluyen finanzas, comités de control de cambios o auditorías. Los líderes de servicio pueden asociarse y trabajar con otros a fin de desafiarlos a revisar sus procesos para dar apoyo a los equipos y líderes de ágil. Por ejemplo, ¿de qué sirve que el equipo entregue el producto funcional cada 2 semanas, solo para que el producto caiga en una cola o proceso que podría tardar 6 o más semanas en ser liberado debido a extensos procesos? Demasiadas organizaciones tienen estos procesos de "cuello de botella" que impiden que los equipos entreguen rápidamente productos o servicios valiosos. El líder de servicio tiene la capacidad de cambiar o eliminar estos impedimentos organizacionales para prestar apoyo a los equipos.

HABILIDADES INTERPERSONALES VERSUS HABILIDADES TÉCNICAS

Además del liderazgo de servicio, los miembros del equipo enfatizan sus habilidades interpersonales y de inteligencia emocional, no solo las habilidades técnicas. Todos en el equipo trabajan para mostrar más iniciativa, integridad, inteligencia emocional, honestidad, colaboración, humildad y disposición a comunicarse, de diversas maneras, para que todo el equipo pueda trabajar bien en conjunto.

El equipo necesita estas habilidades para que pueda responder bien a los cambios en la dirección del proyecto y a los cambios técnicos del producto. Cuando todos pueden adaptarse al trabajo y con los otros miembros, el equipo entero tiene más posibilidades de tener éxito.

4.2.1.3 LOS LÍDERES DE SERVICIO ALLANAN EL CAMINO PARA LA CONTRIBUCIÓN DE LOS DEMÁS

En ágil, el equipo gestiona el proceso y el producto de su trabajo. Esa autogestión y auto-organización aplica a todos los que sirven y apoyan a la organización y al proyecto. Los líderes de servicio trabajan para satisfacer las necesidades de los equipos, los proyectos y la organización. Los líderes de servicio pueden trabajar con el equipo de instalaciones físicas para conseguir un espacio para el equipo del proyecto, trabajar con la gerencia para permitir que el equipo se centre en un proyecto a la vez, o trabajar con el dueño del producto para desarrollar historias (stories) con el equipo. Algunos líderes de servicio trabajan con los auditores a fin de refinar los procesos necesarios en entornos regulatorios, y algunos líderes de servicio trabajan con el departamento de finanzas para llevar a cabo la transición de la organización al manejo de presupuestos incrementales.

El líder de servicio se centra en allanar el camino para que el equipo realice su mejor trabajo. El líder de servicio influye en los proyectos y anima a la organización a pensar de manera diferente.

4.2.1.4 CONSIDERACIONES A TENER EN CUENTA SOBRE LAS RESPONSABILIDADES DE LOS LÍDERES DE SERVICIO

Aunque los líderes de servicio pueden tener muchos títulos posibles, lo más importante es lo que hacen. He aquí algunos ejemplos de las responsabilidades que puede tener un líder de servicio:

◆ Educar a los interesados acerca de por qué y cómo ser ágil. Explicar los beneficios del valor del negocio con base en la priorización, mayor responsabilidad y productividad de los equipos empoderados, y la mejora en la calidad proveniente de revisiones más frecuentes, etc.

◆ Apoyar al equipo a través de la tutoría, el estímulo y el soporte. Abogar por la capacitación y el desarrollo profesional de los miembros del equipo. El oxímoron "Lideramos a los equipos al respaldarlos" habla del rol del líder en el desarrollo de los miembros de su equipo. Mediante el apoyo, el estímulo y el desarrollo profesional, los miembros del equipo ganan confianza, asumen roles más importantes y contribuyen a niveles mayores dentro de sus organizaciones. Un rol clave del líder de servicio es nutrir y hacer crecer a los miembros del equipo a través y más allá de sus roles actuales, incluso si eso significa que el equipo pierda a esos miembros.

◆ Ayudar al equipo con actividades técnicas de dirección de proyectos, tales como el análisis cuantitativo de riesgos. A veces los miembros del equipo pueden no tener conocimientos o experiencia en cuanto a roles o funciones. Los líderes de servicio que puedan tener más exposición o capacitación en técnicas pueden apoyar al equipo proporcionando capacitación o emprendiendo estas actividades.

◆ Celebrar los éxitos del equipo y apoyar actividades que construyan puentes con grupos externos. Crear espirales ascendentes de aprecio y buena voluntad a fin de lograr una mayor colaboración.

4.2.2 ROL DEL DIRECTOR DE PROYECTO EN UN ENTORNO ÁGIL

El rol del director de proyecto en un proyecto ágil es algo desconocido, ya que muchos marcos de referencia y enfoques ágiles no abordan el rol del director del proyecto. Algunos profesionales practicantes de ágil piensan que el rol de un director de proyecto no es necesario, debido a que los equipos auto-organizados asumen las responsabilidades previas del director del proyecto. Sin embargo, los profesionales y las organizaciones practicantes pragmáticos de ágil se dan cuenta de que los directores de proyecto pueden agregar valor significativo en muchas situaciones. La diferencia clave es que sus roles y responsabilidades parecen algo diferentes.

CONSEJO

▶ *El valor de los directores de proyecto no está en su posición, sino en su capacidad para mejorar a los demás.*

4.2.3 LOS DIRECTORES DE PROYECTO UTILIZAN EL LIDERAZGO DE SERVICIO

La *Guía del PMBOK®* – Sexta Edición define al director de proyecto como "la persona asignada por la organización ejecutora para liderar al equipo responsable de alcanzar los objetivos del proyecto".

Muchos directores de proyecto están acostumbrados a estar en el centro de la coordinación del proyecto, realizando seguimiento y manifestando el estatus del equipo ante el resto de la organización. Este enfoque era aceptable cuando los proyectos se descomponían en funciones aisladas (silos).

Sin embargo, en los proyectos con cambios constantes, existe más complejidad de la que una persona puede manejar. En su lugar, los equipos multidisciplinarios coordinan su propio trabajo y colaboran con el representante del negocio(el dueño del producto).

Al trabajar en un proyecto ágil, los directores de proyecto pasan de estar en el centro a servir al equipo y la gerencia. En un entorno ágil, los directores de proyecto son líderes de servicio, cambian el énfasis hacia el coaching de las personas que quieren ayuda, promoviendo una mayor colaboración en el equipo y alineando las necesidades de los interesados. Como líderes de servicio, los directores de proyecto fomentan la distribución de la responsabilidad al equipo: hacia aquellas personas que tienen los conocimientos necesarios para realizar el trabajo.

4.3 COMPOSICIÓN DEL EQUIPO

Un pilar fundamental tanto en los valores como en los principios del Manifiesto de Ágil es la importancia de las personas y las interacciones. Ágil optimiza el flujo de valor, haciendo hincapié en la entrega rápida de características y funciones al cliente, en lugar de cómo son "utilizadas" las personas.

CONSEJO

> *Construir proyectos alrededor de individuos motivados. Darles el entorno y el apoyo que necesiten y confiar en ellos para completar el trabajo.*

Cuando los equipos piensan en cómo optimizar el flujo de valor, se hacen evidentes las siguientes ventajas:

◆ Es más probable que las personas colaboren.

◆ Los equipos terminan el trabajo valioso más rápidamente.

◆ Los equipos pierden mucho menos tiempo porque no trabajan en tareas múltiples al mismo tiempo y no tienen que restablecer el contexto.

4.3.1 EQUIPOS ÁGILES

Los equipos ágiles se centran en el desarrollo rápido de productos a fin de que puedan obtener retroalimentación. En la práctica, los equipos ágiles más efectivos tienden a variar en tamaño de tres a nueve miembros. Lo ideal es que los equipos ágiles estén ubicados en el mismo lugar. Los miembros del equipo están 100% dedicados a los equipos. Ágil fomenta los equipos de autogestión, donde los miembros del equipo deciden quién realizará el trabajo dentro del alcance definido del próximo período. Los equipos ágiles prosperan con liderazgo de servicio. Los líderes apoyan el enfoque de los equipos con relación a su trabajo.

Los equipos ágiles multidisciplinarios producen incrementos de producto funcionales frecuentemente. Esto se debe a que los equipos son dueños del trabajo colectivamente, y en conjunto disponen de todas las habilidades necesarias para entregar el trabajo completado.

Independientemente del enfoque ágil en general, cuanto más limite un equipo su trabajo en progreso, más probable será que sus miembros puedan colaborar para acelerar el trabajo en general. Los miembros del equipo en los equipos ágiles exitosos trabajan para colaborar de diversas maneras (tales como el trabajo en pares, swarming y mobbing, a fin de no caer en la trampa de las mini cascadas en lugar del trabajo colaborativo. Las mini-cascadas se producen cuando el equipo se enfoca en *todos* los requisitos de un período determinado, después intenta hacer *todo* el diseño, y luego se organiza para realizar *toda* la construcción. Bajo este escenario, en algún momento de la construcción o de las pruebas que siguen a la construcción, el equipo puede darse cuenta de que tenía suposiciones que ya no son válidas. En este caso, el equipo perdió tiempo al abordar *todos* los requisitos. En cambio, cuando los miembros del equipo colaboran para producir un pequeño número de funciones en general, aprenden a medida que avanzan y entregan características más pequeñas terminadas.

Los proyectos ágiles se benefician de las estructuras de equipo de proyecto que mejoren la colaboración dentro del equipo y entre los equipos. La Tabla 4-1 muestra cómo los miembros de equipos colaborativos impulsan la productividad y facilitan la solución innovadora de problemas.

Tabla 4-1. Atributos de los Equipos Ágiles Exitosos

Atributo	Meta
Personas dedicadas	• Mayor concentración y productividad • Equipo pequeño, con menos de diez personas
Miembros de equipo multidisciplinario	• Desarrollar y entregar a menudo • Aportar valor terminado como un equipo independiente • Integrar todas las actividades de trabajo para entregar trabajo terminado • Proporcionar retroalimentación desde el interior del equipo y de otros, tales como el responsable del producto
Ubicación en el mismo lugar o la capacidad para gestionar cualquier dificultad en localización	• Mejor comunicación • Mejor dinámica del equipo • Intercambio de conocimientos • Reducción en el costo de aprendizaje • Poder comprometerse a trabajar con los demás
Equipo mixto de generalistas y especialistas	• Los especialistas proporcionan conocimiento específico y los generalistas proporcionan flexibilidad acerca de quién hace qué • El equipo aporta sus capacidades especializadas y a menudo se convierten en especialistas generalizados, con una especialidad principal y amplia experiencia a través de múltiples habilidades
Entorno de trabajo estable	• Depender unos de otros para entregar • Acercamiento acordado con relación al trabajo • Cálculos de costos de equipo simplificados (tarifa de ejecución - run rate) • Conservación y expansión del capital intelectual

4.3.2 ROLES EN ÁGIL

En ágil se utilizan tres roles comunes:

◆ Miembros de equipo multidisciplinario,

◆ Dueño del producto y

◆ Facilitador del equipo.

La Tabla 4-2 describe estos roles de equipo.

Tabla 4-2. Roles de los Equipos Ágiles

Rol	Descripción
Miembro de equipo multidisciplinario	Los equipos multidisciplinarios constan de miembros del equipo con todas las habilidades necesarias para producir un producto funcional. En el desarrollo de software, los equipos multidisciplinarios suelen estar compuestos por diseñadores, desarrolladores, especialistas en pruebas y demás roles requeridos. Los equipos multidisciplinarios de desarrollo están formados por profesionales que ofrecen productos potencialmente entregables, con una cadencia periódica. Los equipos multidisciplinarios resultan críticos porque pueden entregar trabajos terminados en el menor tiempo posible, con mayor calidad, sin dependencias externas
Dueño del producto	El dueño del producto es el encargado de guiar la orientación del mismo. Los dueños del producto clasifican el trabajo en función de su valor comercial. Los dueños del producto trabajan con sus equipos diariamente, proporcionando retroalimentación del producto y estableciendo la dirección para la próxima pieza de funcionalidad que será desarrollada/entregada. Eso significa que el trabajo es reducido, a menudo lo suficientemente pequeño para ser descrito en una tarjeta.
	El dueño del producto trabaja con los interesados, los clientes y los equipos a fin de definir la dirección del producto. Típicamente, los dueños del producto tienen un trasfondo empresarial y aportan a las decisiones una profunda experiencia sobre el tema. A veces, el dueño del producto solicita ayuda de personas con profunda experiencia en los dominios, tales como los arquitectos, o experiencia profunda con los clientes, tales como los gerentes de productos Los dueños del producto necesitan capacitación sobre cómo organizar y manejar el flujo de trabajo a través del equipo.
	En el método ágil, los dueños del producto crean la lista de trabajo pendiente para y con el equipo. La lista de trabajo pendiente ayuda a los equipos a ver cómo entregar el valor más alto sin crear desperdicios.
	Un factor crítico de éxito para los equipos ágiles es el sentimiento de propiedad por el producto. Sin prestar atención al valor más alto para el cliente, el equipo ágil puede crear características que no son apreciadas, o de otra manera no suficientemente valoradas, por lo tanto desperdiciando esfuerzos.
Facilitador del equipo	El tercer rol típicamente visto en los equipos ágiles es de un facilitador de equipo, un líder de servicio. Este rol puede ser denominado un director de proyecto, Scrum Master, líder de equipo de proyecto, coach de equipo o facilitador de equipo.
	Todos los equipos ágiles necesitan liderazgo de servicio sobre el equipo. La gente necesita tiempo para desarrollar sus habilidades de liderazgo de servicio de facilitación, coaching y eliminación de impedimentos.
	Al principio, muchas organizaciones invitan a facilitadores ágiles externos para ayudar cuando su capacidad interna de facilitación aún no está completamente desarrollada.
	Los facilitadores externos tienen la ventaja de la experiencia, pero la desventaja de relaciones débiles en la organización del cliente. Los facilitadores internos, por otro lado, poseen fuertes relaciones en su organización, pero pueden carecer de la amplitud de la experiencia que los haría altamente efectivos.

4.3.3 ESPECIALISTAS GENERALIZADOS

Los equipos ágiles son multidisciplinarios, pero a menudo las personas no comienzan de esa manera. Sin embargo, muchos equipos ágiles exitosos están conformados por especialistas generalizados, o miembros "en forma de T" (T-shaped).

Esto significa que los miembros del equipo tienen tanto una especialidad central como una amplia experiencia a través de múltiples habilidades, en lugar de una sola especialización. Los miembros del equipo ágil trabajan para desarrollar tales características debido a la colaboración intensa y a la auto-organización, el comportamiento de enjambre (swarming) y realizar el trabajo rápidamente, lo que requiere que rutinariamente se ayuden unos a otros.

El rendimiento de una sola persona no es relevante. Centrarse en el rendimiento de una sola persona puede incluso ser perjudicial si ello crea un cuello de botella para el resto del equipo. El objetivo es que el *equipo* optimice la entrega del trabajo completado a fin de obtener retroalimentación.

Si el cliente desea obtener mayores resultados, tales como la entrega rápida de funciones con excelente calidad, el equipo no puede estructurarse solo con roles especializados en un intento de maximizar la eficiencia de los recursos. El objetivo del equipo es la eficiencia en el flujo, optimizando el rendimiento de todo el equipo. Los lotes de pequeño tamaño promueven el trabajo conjunto como un equipo. El trabajo del dueño del producto es asegurarse de que el equipo se ocupe del trabajo con mayor valor.

4.3.4 ESTRUCTURAS DE EQUIPO

Los equipos han adoptado principios de Ágil y prácticas ágiles en muchos sectores. Organizan a las personas en equipos multidisciplinarios para desarrollar iterativamente productos funcionales.

●●●●●●

CASO

El equipo principal reunido para escribir esta guía práctica tenía diversos antecedentes — algunos representaban al PMI y algunos a la Agile Alliance. Estaban auto-organizados y trabajaban en incrementos para completar el trabajo. El PMI reunió a un grupo de expertos en la materia para inspeccionar el trabajo, lo que permitió al equipo incorporar retroalimentación y mejorar el producto a medida que era desarrollado. Sin embargo, el equipo principal no era representativo de un equipo ágil típico porque sus miembros no estaban dedicados en un 100% a este esfuerzo.

●●●●●

Algunas organizaciones han podido crear equipos multidisciplinarios ubicados en el mismo lugar; otros presentan una situación diferente. En lugar de tener todos a los miembros del equipo ubicados en el mismo lugar, algunas organizaciones disponen de equipos distribuidos o dispersos. Los equipos distribuidos tienen equipos multidisciplinarios en diferentes lugares. Los equipos dispersos pueden tener a cada miembro del equipo trabajando en un lugar completamente diferente, ya sea en una oficina o desde su casa. Si bien estas disposiciones no son ideales debido a los mayores costos de comunicación, todavía pueden ser viables.

Una gran institución financiera con sede en los Estados Unidos tenía un programa con un conjunto de equipos en el que los miembros estaban situados en la costa este de los Estados Unidos y en varias ubicaciones en la India. Al principio, se trataba de un gran equipo disperso (diseñadores de la experiencia del usuario, analistas, desarrolladores y especialistas en pruebas) que funcionaba según la práctica de desarrollo de "seguir al sol"[2], en la que una parte del tiempo de trabajo quedaba superpuesta para transferir el trabajo directamente entre los miembros del equipo. Los miembros del equipo llevaban a cabo reuniones diarias de pie (daily standups) en conjunto, y usaban cámaras Web para incluir a todos los miembros del equipo. Los roles clave (analistas, dueños de productos, diseñadores de la experiencia de usuario y líderes de desarrollo) en los Estados Unidos llegaban temprano a fin de responder a cualquier pregunta de los miembros de su equipo con sede en la India y para ayudar a resolver los impedimentos.

Cuando el producto comenzó a crecer y obtuvo más financiación, decidieron dividirse en cinco equipos más pequeños. Para ello, decidieron constituir equipos ubicados en el mismo sitio y distribuidos en varios lugares. Tomaron la decisión de construir equipos multidisciplinarios y situados en el mismo lugar en cada una de estas ubicaciones, compuestos por desarrolladores y especialistas en pruebas.

También tenían un grupo central de analistas, con base en las dos ubicaciones en los EE.UU., que trabajaba con sus gerentes de producto y dueños de producto basados en los Estados Unidos que luego colaboraba con cada uno de los equipos, respectivamente. Aunque tenían alguna estructura establecida en el lugar donde realizaban las revisiones de producto como un programa completo, la mayoría de las otras actividades se realizaban a nivel de equipo, basándose en lo que funcionaba mejor para cada equipo, a fin de permitirles auto-organizarse.

4.3.5 MIEMBROS DEDICADOS DEL EQUIPO

¿Qué sucede cuando el tiempo de los miembros no está en un 100% dedicado al equipo? Si bien esta condición no es ideal, lamentablemente a veces no se puede evitar.

El problema central de tener a alguien que invierte solo el 25% o 50% de su capacidad en el equipo es que realizará varias tareas a la vez y deberá cambiar de tarea. La multitarea reduce el rendimiento del trabajo del equipo e impacta la capacidad del equipo para pronosticar la entrega de manera consistente.

CONSEJO

La multitarea reduce el progreso de todo el equipo, ya que los miembros pierden tiempo cambiando de contexto y/o esperándose unos a otros a que terminen otro trabajo. Cuando las personas están 100% dedicadas al equipo, el equipo presenta el rendimiento más rápido posible.

---

[2] El proceso de desarrollo de "seguir al sol" consiste en transferir el trabajo al final de cada día de un sitio a otro, a muchas zonas horarias de distancia, con el fin de acelerar el desarrollo del producto.

Las personas experimentan pérdidas de productividad entre 20% y 40% cuando cambian de tarea. La pérdida aumenta exponencialmente con el número de tareas.

Cuando una persona realiza múltiples tareas entre dos proyectos, esa persona no está dedicada en un 50% a cada proyecto. En cambio, debido al costo de cambio de tareas, la persona está dedicada entre un 20% y un 40% a cada proyecto.

Las personas son más propensas a cometer errores cuando realizan varias tareas a la vez. El intercambio constante de tareas consume memoria de trabajo y es menos probable que las personas recuerden el contexto cuando realizan varias tareas a la vez.

Cuando todos los miembros de un equipo están 100% asignados a un proyecto, pueden colaborar continuamente como un equipo, haciendo que el trabajo de todos sea más efectivo.

● ● ● ● ● ●

CASO

Dado que los miembros del equipo principal que desarrollan esta guía práctica no pueden dedicar el 100% de su capacidad a los esfuerzos del equipo, su rendimiento es sustancialmente inferior a lo que sería si pudieran permitirse ubicarse en el mismo sitio e invertir su atención a tiempo completo en el proyecto. Sin embargo, si bien es económicamente viable colaborar, aunque estén dispersos y operen a una fracción de su capacidad total, no es factible ubicarlos en el mismo sitio y concentrarse a plena capacidad. Por lo tanto, el equipo identificó su dispersión como un riesgo potencial. El equipo da seguimiento y monitorea el progreso de su trabajo a través del uso de herramientas colaborativas y ajusta en consecuencia las asignaciones basadas en la capacidad individual.

● ● ● ● ● ●

Ver la Tabla A1-2 sobre Correspondencia entre Grupos de Procesos y Áreas de Conocimiento de la Dirección de Proyectos para obtener más consejos sobre equipos en entornos ágiles, específicamente los procesos en el Área de Conocimiento de la Gestión de los Recursos del Proyecto.

CONSEJO

No todos los equipos tienen todos los roles que necesitan. Por ejemplo, algunos equipos requieren el apoyo de administradores de bases de datos o analistas de investigación. Cuando un equipo tiene especialistas asignados temporalmente, es importante asegurarse de que todos tengan las mismas expectativas. ¿Está este especialista asignado 100% al equipo y por cuánto tiempo? Establecer expectativas con todos (el especialista y el equipo) a fin de aclarar el nivel de compromiso para que el equipo pueda entregar. Las asignaciones de tiempo parcial crean riesgos para el proyecto.

4.3.6 ESPACIOS DE TRABAJO DEL EQUIPO

Los equipos necesitan un espacio en el que puedan trabajar juntos, comprender su estado como un equipo y colaborar. Algunos equipos ágiles trabajan juntos en una sala. Algunos equipos tienen un espacio de trabajo de equipo para sus reuniones de pie y diagramas, y trabajan por su cuenta en cubículos u oficinas.

A medida que las empresas avanzan hacia entornos de trabajo abiertos y colaborativos, las organizaciones también necesitan crear espacios tranquilos para los colaboradores que necesiten tiempo ininterrumpido para pensar y trabajar. Por lo tanto, las empresas están diseñando sus oficinas para equilibrar las áreas comunes y sociales (a veces llamadas "cuevas y comunes") con zonas tranquilas o espacios privados donde las personas pueden trabajar sin ser interrumpidas.

Cuando los equipos integran miembros distribuidos geográficamente, el equipo decide qué tanto de su lugar de trabajo es virtual y qué tanto es físico. Tecnologías tales como el uso compartido de documentos, las videoconferencias y otras herramientas de colaboración virtual ayudan a las personas a cooperar remotamente.

Los equipos geográficamente distribuidos precisan de espacios de trabajo virtuales. Además, se debe considerar la posibilidad de reunir al equipo en persona a intervalos regulares, a fin de que el equipo pueda crear confianza y aprender a trabajar juntos.

Algunas técnicas a considerar para gestionar las comunicaciones en equipos dispersos son las *ventanas de pecera (fishbowl windows)* y el *trabajo en pares remoto*:

◆ Crear una ventana de pecera estableciendo enlaces de videoconferencia duraderos entre los diversos lugares en los que el equipo está disperso. La gente inicia el enlace al principio de un día de trabajo y lo cierra al final del mismo. De esta manera, las personas pueden verse y conectarse espontáneamente, reduciendo el retraso en la colaboración inherente a la separación geográfica.

◆ Configurar el trabajo en pares remoto mediante el uso de herramientas de conferencia virtual a fin de compartir pantallas, incluidos los enlaces de voz y video. Siempre y cuando las diferencias de zona horaria se tomen en cuenta, esto puede resultar casi tan eficaz como el trabajo en pares cara a cara.

CONSEJO ▶ *Formar equipos reuniendo personas con diferentes habilidades provenientes de diferentes funciones. Educar a los gerentes y líderes sobre la mentalidad ágil, y comprometerlos temprano en la transformación ágil.*

4.3.7 SUPERAR LOS SILOS ORGANIZACIONALES

El mejor lugar para comenzar cuando se conforman equipos ágiles es mediante la creación de una confianza fundamental y un ambiente de trabajo seguro, a fin de garantizar que todos los miembros del equipo tengan la misma voz y puedan ser escuchados y tenidos en cuenta. Junto con el establecimiento de la mentalidad ágil, éste es el factor de éxito subyacente —todos los demás desafíos y riesgos pueden ser mitigados.

A menudo, las organizaciones en silos crean impedimentos para formar equipos ágiles multidisciplinarios. Los miembros necesarios para establecer equipos multidisciplinarios, suelen informar a diferentes gerentes, y éstos miden su rendimiento utilizando métricas diferentes. Los gerentes deben centrarse en la eficiencia del flujo (y las métricas basadas en el equipo) en lugar de la eficiencia de los recursos.

Para superar los silos organizativos, se debe trabajar con los diferentes gerentes de estos equipos y hacer que dediquen el personal necesario al equipo multidisciplinario. Esto no solo crea sinergia de equipo, sino que también permite a la organización apreciar cómo aprovechar a su personal para optimizar el proyecto o producto que se está construyendo.

Para obtener más información acerca de los equipos, consulte el Apéndice X2 sobre los Atributos que Influyen en la Adaptación.

CONSEJO

Como líder de proyecto ágil, primero se debe enfocar en cómo crear un equipo que sea multidisciplinario y 100% dedicado al mismo. Incluso si eso significa conseguir solamente los miembros clave del equipo, tales como desarrolladores y especialistas en pruebas, para trabajar y comunicarse a diario, ese es un paso en la dirección correcta hacia la agilidad.

5

IMPLEMENTACIÓN DE ÁGIL: ENTREGAS EN UN ENTORNO ÁGIL

5.1 CONSTITUIR EL PROYECTO Y EL EQUIPO

Cada proyecto necesita un acta de constitución del proyecto para que el equipo sepa por qué es importante, a dónde se dirige el equipo, y cuál es el objetivo del proyecto. Sin embargo, el acta de constitución del proyecto en sí misma podría no ser suficiente para el equipo. Los equipos ágiles requieren normas de equipo y un entendimiento sobre cómo trabajar juntos. En ese caso, podría ser necesaria un acta de constitución del equipo.

El proceso de constitución ayuda al equipo a aprender cómo trabajar juntos y cómo unirse en torno al proyecto.

Como mínimo para un proyecto ágil, el equipo necesita la visión o propósito del proyecto y un conjunto claro de acuerdos de trabajo. Un acta de constitución del proyecto ágil responde a estas preguntas:

◆ ¿Por qué estamos realizando este proyecto? Esta es la visión del proyecto.

◆ ¿Quién se beneficia y cómo? Esto puede ser parte de la visión del proyecto y/o el propósito del proyecto.

◆ ¿Qué significa "terminado" para los fines del proyecto? Estos son los criterios de liberación del proyecto.

◆ ¿Cómo vamos a trabajar juntos? Esto explica el flujo de trabajo esperado.

Un líder de servicio puede facilitar el proceso de constitución. Un equipo puede unirse al trabajar juntos, y el acta de constitución del proyecto es una excelente manera de empezar a trabajar. Además, los miembros del equipo pueden querer colaborar a fin de entender cómo trabajarán juntos.

Los equipos no necesitan un proceso formal de constitución mientras entiendan cómo trabajar juntos. Algunos equipos se benefician de un proceso de constitución del equipo. Aquí hay algunas ideas sobre constitución para que los miembros del equipo utilicen como base para su contrato social:

◆ Valores del equipo, tales como el ritmo sostenible y las horas esenciales (core);

◆ Acuerdos de trabajo, tales como: qué significa "listo", de tal manera que el equipo pueda asumir el trabajo; qué significa "terminado" para que el equipo pueda juzgar la completitud en forma consistente; el respeto a la delimitación de tiempo; o el uso de límites del trabajo en proceso;

◆ Reglas básicas, como una persona hablando en una reunión; y

◆ Normas de grupo, por ejemplo, el modo en que el equipo cumple los tiempos de reunión.

El líder de servicio, junto con el equipo, puede decidir abordar otros comportamientos.

Recuerde que el contrato social del equipo (el acta de constitución del equipo) es la forma en que los miembros del equipo interactúan entre sí. El objetivo del acta de constitución del equipo es crear un ambiente ágil en el que los miembros del equipo puedan trabajar a su mejor capacidad como equipo.

5.2 PRÁCTICAS ÁGILES COMUNES

Las secciones 5.2.1 a 5.2.8 describen algunas de las prácticas de proyectos ágiles más comunes.

5.2.1 RETROSPECTIVAS

La práctica más importante es la retrospectiva, ya que permite al equipo aprender, mejorar y adaptar su proceso.

Las retrospectivas ayudan al equipo a aprender de su trabajo previo sobre el producto y su proceso. Uno de los principios que respaldan el Manifiesto de Ágil es: "A intervalos regulares, el equipo reflexiona sobre cómo ser más efectivo, para a continuación ajustar y perfeccionar su comportamiento en consecuencia".

Muchos equipos usan iteraciones, especialmente iteraciones de dos semanas, porque la iteración da lugar a una demostración y a una retrospectiva al final. Sin embargo, el equipo no necesita iteraciones para reflexionar retrospectivamente. En estos momentos clave los miembros del equipo pueden decidir retrospectivamente:

◆ Cuando el equipo completa una liberación o envía algo. No necesita ser un incremento monumental. Puede ser cualquier liberación, no importa que tan pequeña.

◆ Cuando han pasado más de unas semanas desde la retrospectiva anterior.

◆ Cuando el equipo parece quedarse estancado y el trabajo terminado no está fluyendo a través del equipo.

◆ Cuando el equipo alcanza cualquier otro hito.

Los equipos se benefician de asignar tiempo suficiente para aprender, ya sea a partir de una retrospectiva provisional o de una retrospectiva al final de proyecto. Los equipos necesitan aprender sobre el producto y el proceso de su trabajo. Por ejemplo, algunos equipos tienen problemas para terminar el trabajo. Cuando los equipos planifican con suficiente tiempo, pueden estructurar su retrospectiva para recolectar datos, procesar esos datos y decidir qué intentar más tarde a modo de experimento.

En primer lugar, una retrospectiva no es acerca de culpar; la retrospectiva es un momento para que el equipo aprenda de trabajos previos y haga pequeñas mejoras.

En la retrospectiva se trata de observar los datos cualitativos (sentimientos de la gente) y cuantitativos (métricas), y luego usar esos datos para encontrar causas raíz, diseñar respuestas y desarrollar planes de acción. El equipo del proyecto podría acabar con muchas posibles acciones a fin de remover los impedimentos.

Se debe considerar la posibilidad de limitar el número de medidas a la capacidad del equipo para abordar las mejoras en la próxima iteración o período de trabajo. Tratar de mejorar demasiadas cosas a la vez y no terminar ninguna de ellas es mucho peor que planear completar menos elementos y completar con éxito todos ellos. Luego, cuando el tiempo lo permita, el equipo puede trabajar sobre la próxima oportunidad de mejora que figure en la lista. Cuando el equipo seleccione las mejoras, se debe decidir cómo medir los resultados. Luego, en el siguiente período se deben medir los resultados para validar el éxito o fracaso de cada mejora.

Un facilitador del equipo los lleva a través de una actividad a fin de clasificar la importancia de cada elemento de mejora. Una vez que los elementos de mejora hayan sido clasificados por el equipo, se elige la cantidad apropiada a ser trabajada en la siguiente iteración (o se agrega trabajo al flujo si está basado en flujo).

5.2.2 PREPARACIÓN DE LA LISTA DE TRABAJO PENDIENTE (BACKLOG)

La lista de trabajo pendiente está ordenada y contiene todo el trabajo para un equipo, presentada en forma de historia (story). No es necesario crear todas las historias para todo el proyecto antes de que se inicie el trabajo, solo lo suficiente para comprender la primera versión en pinceladas amplias y, a continuación, los elementos suficientes para la siguiente iteración.

Los dueños del producto (o un equipo responsable del valor, que incluya al gerente del producto y a todos los dueños de producto relevantes para esa área) podrían elaborar una hoja de ruta de los productos a fin de mostrar la secuencia anticipada de entregas a lo largo del tiempo. El dueño del producto replanifica la hoja de ruta con base en lo que el equipo produce. (Consultar el Apéndice X3 sobre Herramientas de Filtros de Idoneidad para Ágil a fin de obtener ejemplos de hojas de ruta).

5.2.3 PERFECCIONAMIENTO DE LA LISTA DE TRABAJO PENDIENTE (BACKLOG)

En ágil basado en iteración, el dueño del producto a menudo trabaja con el equipo a fin de preparar algunas historias (stories) para la próxima iteración, durante una o más sesiones en medio de la iteración. El propósito de estas reuniones es refinar suficientes historias para que el equipo entienda cuáles son las historias y cuán grandes son las historias con relación a las demás.

No hay un consenso sobre cuánto tiempo debe durar el perfeccionamiento. Existe un continuo de:

◆ Perfeccionamiento justo a tiempo (just in time) para ágil basado en flujo. El equipo toma la siguiente tarjeta de la columna de tareas por hacer y la debate.

◆ Muchos equipos ágiles basados en la iteración usan una discusión, limitada a un período de tiempo preestablecido (timebox) de 1 hora, a medio camino a través de una iteración de 2 semanas. (El equipo selecciona una duración de iteración que les proporcione una retroalimentación frecuente).

◆ Múltiples discusiones de perfeccionamiento para equipos ágiles basados en iteraciones. Los equipos pueden utilizar esto cuando son nuevos en el producto, el área de producto o el dominio del problema.

CONSEJO ▶ *Se sugiere considerar la posibilidad de utilizar un mapeo de impacto para ver cómo encaja el producto como un todo. En circunstancias normales, el dueño del producto lidera este trabajo. Un líder de servicio puede facilitar todas las reuniones necesarias, como una manera de servir al proyecto.*

Las reuniones de perfeccionamiento permiten al dueño del producto presentar al equipo las ideas de las historias y aprender acerca de los potenciales retos o problemas en cada una. Si el dueño del producto no está seguro de las dependencias, puede solicitar al equipo que investigue sobre la característica para comprender los riesgos.

Hay muchas maneras para que el dueño del producto lleve a cabo reuniones de preparación y perfeccionamiento de la lista de trabajo pendiente, incluyendo por ejemplo:

◆ Animar al equipo a trabajar como tríadas de desarrollador, especialista en pruebas, analista de negocios/dueño del producto a fin de discutir y escribir la historia.

◆ Presentar el concepto general de la historia al equipo. El equipo lo discute y lo perfecciona en tantas historias como sea necesario.

◆ Trabajar con el equipo para encontrar varias maneras de explorar y escribir las historias juntos, asegurándose de que todas las historias sean lo suficientemente pequeñas para que el equipo pueda producir un flujo constante de trabajo completado. Considere ser capaz de completar una historia al menos una vez al día.

Los equipos suelen tener el objetivo de invertir no más de una hora por semana perfeccionando historias para el próximo lote de trabajo. Los equipos quieren maximizar el tiempo dedicado a trabajar en lugar de planificar el trabajo. Si el equipo necesita pasar más de una hora por semana perfeccionando historias, el dueño del producto podría estar preparando en exceso, o el equipo podría carecer de algunas habilidades críticas necesarias para evaluar y refinar el trabajo.

5.2.4 REUNIONES DIARIAS DE PIE (DAILY STANDUPS)

Los equipos usan reuniones de pie para comunicarse entre sí, descubrir problemas y garantizar que el trabajo fluye sin problemas a través del equipo.

La reunión de pie se lleva a cabo en un período de tiempo preestablecido de no más de 15 minutos. El equipo "recorre" el tablero kanban o el tablero de tareas de alguna manera, y cualquier persona del equipo puede facilitar la reunión de pie.

En ágil basado en la iteración, todo el mundo responde a las siguientes preguntas por turno:

◆ ¿Qué he completado desde la última reunión de pie?

◆ ¿Qué estoy planeando completar entre ahora y la siguiente reunión de pie?

◆ ¿Cuáles son mis impedimentos (o riesgos o problemas)?

Preguntas como éstas generan respuestas que permiten al equipo auto-organizarse y mantenerse responsables de completar el trabajo con el que se comprometieron el día anterior y durante la iteración.

Ágil basado en flujo tiene un enfoque diferente para las reuniones de pie, centrándose en el rendimiento del equipo. El equipo evalúa el tablero de derecha a izquierda. Las preguntas son:

◆ ¿Qué necesitamos para hacer avanzar este trabajo?

◆ ¿Hay alguien trabajando sobre algo que no esté en el tablero?

◆ ¿Qué necesitamos terminar como equipo?

◆ ¿Existe algún cuello de botella o impedimento en el flujo de trabajo?

Uno de los anti-patrones típicamente vistos en las reuniones de pie es que se convierten en reuniones de estatus. Los equipos que tradicionalmente han trabajado en un entorno predictivo pueden tender a caer en este anti-patrón, ya que están acostumbrados a informar sobre el estatus.

Otro anti-patrón típicamente visto en las reuniones de pie es que el equipo comienza a resolver problemas a medida que se hacen evidentes. Las reuniones de pie son para darse cuenta de que hay problemas, no para resolverlos. Añadir los problemas a una zona especial (a veces llamada estacionamiento o parking lot), y luego crear otra reunión, que podría ser justo después de la reunión de pie, para resolver los problemas.

Los equipos realizan sus propias reuniones de pie. Cuando se realizan correctamente, las reuniones de pie pueden resultar muy útiles, siempre y cuando la naturaleza del trabajo del equipo requiera una intensa colaboración. Tomar una decisión consciente acerca de cuándo el equipo necesita las reuniones de pie, o pueda utilizarlas eficazmente.

CONSEJO

> *Animar a cualquier miembro del equipo, en lugar de un director o líder de proyecto, para que facilite la reunión de pie a fin de asegurarse de que no se convierta en una reunión de estado, sino que se utilice como un tiempo para que el equipo se auto-organice y se comprometa entre sí.*

5.2.5 DEMOSTRACIONES/REVISIONES

A medida que el equipo completa las características, normalmente en la forma de historias de usuario, el equipo demuestra periódicamente el producto funcional. El dueño del producto ve la demostración y acepta o rechaza las historias.

En ágil basado en iteración, el equipo demuestra todos los elementos de trabajo completados al final de la iteración. En la ágil basado en flujo, el equipo demuestra un trabajo completo cuando es el momento de hacerlo, normalmente cuando se han acumulado suficientes funciones en un conjunto que sea coherente. Los equipos, incluido el dueño del producto, necesitan retroalimentación para decidir qué tan temprano deben solicitar retroalimentación adicional sobre el producto.

Como guía general, se sugiere demostrar lo que sea que el equipo tenga como producto funcional al menos una vez cada dos semanas. Esa frecuencia es suficiente para la mayoría de los equipos, de tal modo que los miembros del equipo puedan obtener retroalimentación que les impida tomar una dirección equivocada. También es lo bastante frecuente para que los equipos puedan mantener el desarrollo lo suficientemente limpio como para construir un producto completo tan a menudo como quieran o necesiten.

Una parte fundamental de lo que hace un proyecto ágil es la entrega frecuente de un producto funcional. Un equipo que no demuestra ni libera, no puede aprender lo suficientemente rápido y es probable que no adopte técnicas ágiles. El equipo puede requerir orientación adicional para permitir la entrega frecuente.

5.2.6 PLANIFICACIÓN DE ÁGIL BASADO EN ITERACIONES

La capacidad de cada equipo es diferente. El tamaño de la historia típica de cada dueño del producto es diferente. Los equipos toman en cuenta el tamaño de su historia (story) para evitar comprometerse con más historias de las que el equipo puede completar dentro de una iteración.

Cuando las personas no están disponibles (por ejemplo, feriados, vacaciones o cualquier otra cosa que impida que la gente participe en el siguiente conjunto de trabajo), el dueño del producto entiende que el equipo tiene capacidad reducida. El equipo no podrá terminar la misma cantidad de trabajo que terminó en el período anterior. Cuando los equipos tienen una capacidad reducida, solo planificarán para un trabajo que se ajuste a esa capacidad.

Los equipos estiman lo que pueden completar, lo que se constituye en una métrica de la capacidad (véase la Sección 4.10 para obtener ejemplos). Los equipos no pueden predecir con un 100% de certeza lo que pueden entregar, ya que no pueden conocer lo inesperado. Cuando los dueños de los productos hacen las historias más pequeñas y los equipos ven el progreso en la forma de un producto terminado, los equipos aprenden de lo que son capaces de hacer en el futuro.

Los equipos ágiles no planifican todo en un solo paso. Por el contrario, los equipos ágiles planifican un poco, entregan, aprenden y luego vuelven a planificar un poco más, en un ciclo continuo.

CONSEJO

Atraer la atención del equipo sobre el anti-patrón y ayudar al equipo a descubrir cómo mejorar sus reuniones de pie (standups).

5.2.7 PRÁCTICAS DE EJECUCIÓN QUE AYUDAN A LOS EQUIPOS A ENTREGAR VALOR

Si el equipo no presta atención a la calidad, pronto será imposible liberar algo rápidamente.

Las siguientes prácticas técnicas, muchas de las cuales provienen de la eXtreme Programming, pueden ayudar al equipo a entregar a su máxima velocidad:

◆ **Integración continua.** Realizar la incorporación frecuente del trabajo en el todo, sin importar el producto, y después volver a probar para determinar que el producto entero todavía trabaja como estaba previsto.

◆ **Prueba a todos los niveles.** Emplear pruebas a nivel de sistema para obtener información de extremo a extremo, y pruebas de unidad para los bloques fundamentales. Entre tanto, entender si hay necesidad de pruebas de integración y dónde. Los equipos encuentran que la prueba de humo (smoke testing) es útil en primera instancia para determinar si el producto es bueno. Los equipos han descubierto que decidir cuándo ejecutar pruebas de regresión y cuáles ejecutar ayuda a mantener la calidad del producto con un buen rendimiento de compilación. Los equipos ágiles prefieren en gran medida las pruebas automatizadas a fin de poder construir y mantener una dinámica de entrega.

◆ **Desarrollo Guiado por Pruebas de Aceptación (ATDD).** En ATDD, todo el equipo se reúne y discute los criterios de aceptación para un producto del trabajo. A continuación, el equipo crea las pruebas, lo que le permite escribir solo el código suficiente, y las pruebas automatizadas para cumplir con los criterios. Para los proyectos que no son de software, se debe considerar cómo probar el trabajo cuando el equipo completa porciones de valor.

◆ **Desarrollo Guiado por Pruebas (TDD) y Desarrollo Impulsado por el Comportamiento (BDD).** Escribir pruebas automatizadas antes de escribir/crear el producto realmente ayuda a las personas a diseñar y hacer el producto a prueba de errores. Para proyectos que no son de software, se necesita considerar cómo "probar" los diseños del equipo. Los proyectos de hardware y mecánicos a menudo utilizan simulaciones para las pruebas provisionales de sus diseños.

◆ **Spikes (investigación o experimentos que se llevan a cabo en períodos de tiempo preestablecidos).** Los Spikes son puntos álgidos útiles para el aprendizaje, y pueden usarse en circunstancias tales como: estimación, definición de criterios de aceptación y comprensión del flujo de acción de un usuario a través del producto. Los Spikes son útiles cuando el equipo necesita conocer algún elemento crítico técnico o funcional.

5.2.8 CÓMO LAS ITERACIONES E INCREMENTOS AYUDAN A ENTREGAR EL PRODUCTO FUNCIONAL

Las iteraciones ayudan a un equipo a crear una cadencia de entrega y muchos tipos de retroalimentación. Los equipos producen incrementos de valor para la entrega y la retroalimentación. La primera parte de esta entrega es una demostración. Los equipos reciben retroalimentación sobre cómo luce el producto y cómo funciona a través de una demostración. Los miembros del equipo realizan una retrospectiva para ver cómo pueden inspeccionar y adaptar su proceso a fin de tener éxito.

Las demostraciones o revisiones son una parte necesaria del flujo de proyectos ágil. Agendar la demostración para la cadencia de entrega del equipo según sea apropiado.

5.3 SOLUCIÓN DE PROBLEMAS PARA LOS DESAFÍOS DEL PROYECTO ÁGIL

Los enfoques ágiles nacieron de la necesidad de resolver incidentes asociados con altas tasas de cambio, incertidumbre y complejidad en los proyectos. Debido a estos orígenes, contienen una variedad de herramientas y técnicas a fin de tratar los incidentes que presentan problemas en los enfoques predictivos. Consulte la Tabla 5-1.

CONSEJO

Los equipos deberían hacer demostraciones a menudo a fin de obtener retroalimentación y demostrar progreso. Alentar a la PMO y a otros interesados a ver las demostraciones, para que las personas que deciden sobre el portafolio de proyectos puedan ver el progreso real.

Tabla 5-1. Temas Sensibles en Ágil y Alternativas de Solución de Problemas.

Tema Sensible	Alternativas de Solución de Problemas
Propósito o misión poco clara para el equipo	Constitución ágil para el propósito—visión, misión y pruebas de misión.
Acuerdos de trabajo poco claros para el equipo	Constitución ágil para la alineación—valores, principios y acuerdos de trabajo.
El contexto del equipo no es claro	Constitución ágil para el contexto—límites, activos comprometidos y análisis prospectivo.
Requisitos poco claros	Ayudar a patrocinadores e interesados a elaborar la visión del producto. Considerar la construcción de una hoja de ruta de productos usando especificaciones mediante ejemplo, mapeo de historias de usuario y mapeo de impacto. Reunir al equipo y al dueño del producto para aclarar las expectativas y el valor de un requisito. Descomponer progresivamente la hoja de ruta en requisitos de trabajo pendiente concretos y más pequeños.
Mala experiencia del usuario	Las prácticas de diseño de experiencia de usuario incluidas en el equipo de desarrollo involucran a los usuarios al principio y a menudo.
Estimación imprecisa	Reducir el tamaño de la historia dividiendo las historias. Utilizar la estimación relativa con todo el equipo para estimar. Considerar la posibilidad de modelado ágil o Spikes para entender la historia.
Asignaciones de trabajo o progreso del trabajo poco claros	Ayudar al equipo a darse cuenta de que auto-gestionan su trabajo. Tomar en consideración los tableros kanban para ver el flujo de trabajo. Tomar en consideración una reunión diaria de pie (daily standup) para recorrer el tablero y ver dónde está cada trabajo.
El equipo lucha contra los obstáculos	Un líder de servicio puede ayudar a eliminar estos obstáculos. Si el equipo no conoce las opciones que tiene, considere involucrar a un facilitador. A veces, el equipo necesita escalar las historias que equipo o el líder de servicio no ha podido eliminar.
Retrasos de trabajo/sobrecostos debido a la falta de perfeccionamientos de algunos elementos de la lista de trabajo pendiente del producto.	Historias combinadas del dueño del producto y del taller del equipo. Crear una definición de "listo" para las historias. Pensar en dividir historias para usar historias más pequeñas.
Defectos	Tomar en consideración las prácticas técnicas que funcionan para el entorno. Algunas posibilidades son: trabajo en pares, responsabilidad colectiva del producto, pruebas de mayor cobertura (enfoque guiado por pruebas y de pruebas automatizadas) y una definición robusta de "terminado".
El trabajo no está completo	El equipo establece la definición de "terminado" para las historias, incluyendo los criterios de aceptación. También agregar los criterios de liberación para los proyectos.
Deuda técnica (calidad del código degradada)	Refactorización, modelado ágil, pruebas de mayor cobertura, análisis automatizado de la calidad del código fuente, definición de "terminado".

Tema Sensible	Alternativas de Solución de Problemas
Demasiada complejidad del producto	Alentar al equipo a estar pensando siempre "¿cuál es la cosa más sencilla que podría funcionar?", y aplicar el principio ágil de "Simplicidad —el arte de maximizar la cantidad de trabajo no realizado" —aplica para software y no software. Esto ayuda a reducir la complejidad.
Lenta o ninguna mejora en el proceso de trabajo en equipo	Capturar no más de tres elementos a mejorar en cada retrospectiva. Pedir al líder de servicio que ayude al equipo a aprender a integrar esos elementos.
Demasiado trabajo inicial que conduce al retrabajo	En lugar de realizar mucho trabajo inicial, considerar los Spikes para el equipo, a fin de aprender. Además, medir el trabajo en proceso (WIP, por sus siglas en inglés) durante el inicio del proyecto y ver cuáles son las opciones del equipo para entregar valor en lugar de diseños. Acortar las iteraciones y crear una definición robusta de "terminado".
Inicios en falso, desperdicio de esfuerzos	Pedir al dueño del producto que se convierta en una parte integral del equipo.
Esquema de ordenamiento ineficiente de los elementos de la lista de trabajo pendiente del producto	Clasificar de acuerdo al valor, incluyendo el costo del retraso dividido por la duración (CD3: cost of delay divided by duration) y otros modelos de valor.
Flujo de trabajo desigual con apuros/esperas	Planificar según la capacidad del equipo y no más. Pedir a las personas que dejen de realizar tareas múltiples y se dediquen a un equipo. Pedir al equipo que trabaje en pares, o aplique swarming o mobbing para equilibrar las capacidades de todo el equipo.
Demandas imposibles por parte de los interesados	Aplicar liderazgo de servicio con este interesado (y posiblemente dueño del producto).
Retrasos inesperados o imprevistos	Pedir al equipo que se comunique más a menudo, use tableros kanban para ver el flujo de trabajo y los límites de trabajo en progreso para entender el impacto de las demandas sobre el equipo o producto. También hacer un seguimiento a los impedimentos y la eliminación de los mismos en un tablero de impedimentos.
Equipos en silos, en lugar de equipos multidisciplinarios	Pedir a las personas que forman parte de los proyectos que se auto-organicen como equipos multidisciplinarios. Utilizar las habilidades de liderazgo de servicio para ayudar a los gerentes a entender por qué los equipos ágiles necesitan ser multidisciplinarios.

5.4 MÉTRICAS EN PROYECTOS ÁGILES

La transición a ágil significa utilizar diferentes métricas. El uso de agilidad implica busca nuevas métricas que sean de importancia para el equipo y la gerencia. Estas métricas son importantes porque están centradas en el valor del cliente.

Un problema con el informe de estado es la habilidad del equipo para predecir cuándo completará el trabajo o para usar el semáforo de estado a fin de describir el proyecto. Por ejemplo, los líderes del proyecto describen el proyecto como "en un 90% de avance". En ese momento el equipo trata de integrar las piezas en un producto. El equipo descubre requisitos que faltan, o sorpresas, o encuentra que el producto no se integra de la forma en que pensaban que lo haría.

El proyecto está realizado solo parcialmente, y los informes con semáforo de estado no reflejan el estado real. Con demasiada frecuencia, el equipo del proyecto se da cuenta de que necesitará la misma cantidad tiempo para completar el resto del proyecto. Para demasiados proyectos, el equipo se da cuenta de que el trabajo está completado a lo sumo en un 10% de avance, debido a los problemas descubiertos por el equipo.

El problema con las mediciones predictivas es que a menudo no reflejan la realidad. Con frecuencia sucede que una luz de estado del proyecto es verde hasta 1 mes antes de la fecha de liberación; esto es referido a veces como un proyecto sandía (verde por fuera, rojo por dentro). A menudo las luces de estado del proyecto se vuelven rojas aparentemente sin advertencia, porque no hay datos empíricos sobre el proyecto hasta 1 mes antes de la fecha de liberación.

Las métricas para proyectos ágiles contienen información significativa que proporciona una trayectoria histórica, ya que los proyectos ágiles proporcionan valor (trabajo completado) de forma periódica. Los equipos del proyecto pueden utilizar esos datos para mejorar las proyecciones y la toma de decisiones.

Las mediciones sustitutivas, tales como el porcentaje de avance, son menos útiles que las mediciones empíricas, tales como las características completadas. Véase la Sección 4.10 para obtener más información sobre gestión del valor. La agilidad ayuda a los equipos a ver problemas e incidentes para que el equipo pueda diagnosticarlos y abordarlos.

Además de las métricas cuantitativas, el equipo puede tomar en consideración la recolección de métricas cualitativas. Algunas de estas métricas cualitativas se centran en las prácticas que el equipo ha elegido y evalúan qué tan bien utiliza el equipo esas prácticas, por ejemplo, la satisfacción del negocio con las funciones entregadas, la moral del equipo y cualquier otra cosa que el equipo quiera rastrear como una métrica cualitativa.

5.4.1 LOS EQUIPOS ÁGILES MIDEN LOS RESULTADOS

Ágil favorece métricas empíricas y basadas en valores en lugar de métricas predictivas. Ágil mide lo que el equipo entrega, no lo que el equipo predice que entregará.

Un equipo que esté acostumbrado a tener líneas de base del proyecto y estimaciones del valor ganado y RSI (Retorno Sobre la Inversión), puede quedar perplejo acerca de trabajar en un proyecto y no manejarse de acuerdo con una línea base. Ágil se basa en productos funcionales de valor demostrable para los clientes.

Las líneas base son a menudo un artefacto del intento de predicción. En ágil, el equipo limita su estimación como máximo a unas cuantas semanas próximas. En ágil, si existe baja variabilidad en el trabajo del equipo y si los miembros del equipo no están realizando tareas múltiples, la capacidad del equipo puede llegar a ser estable. Esto permite una mejor predicción para el próximo par de semanas.

Después de que el equipo completa el trabajo en iteración o flujo, el equipo puede replanificar. La agilidad no crea la capacidad de hacer más trabajo. Sin embargo, existe evidencia de que cuanto más pequeña sea la porción de trabajo, más probable es que las personas lo entreguen.

En el desarrollo de productos de software, al igual que otros trabajos relacionados con el conocimiento, se trata de aprender—aprender a la vez que se entrega valor. El desarrollo del hardware y el desarrollo mecánico son similares en cuanto a las partes del diseño del proyecto. El aprendizaje se lleva a cabo experimentando, entregando pequeños incrementos de valor y obteniendo retroalimentación sobre lo que se ha logrado hasta ahora. Muchos otros proyectos de desarrollo de productos también incorporan el aprendizaje.

Los patrocinadores generalmente quieren saber cuándo se completará el proyecto. Una vez el equipo establezca una velocidad confiable (historias promedio o puntos de historia por iteración) o el tiempo medio de ciclo, el equipo puede predecir cuánto tiempo más demorará el proyecto.

Por ejemplo, si el equipo promedia 50 puntos de historia por iteración, y el equipo calcula que quedan otros 500 puntos restantes, el equipo estima que restan alrededor de 10 iteraciones. A medida que el dueño del producto refina las historias restantes y el equipo refina sus estimaciones, el estimado del proyecto podría subir o bajar, pero el equipo puede proporcionar un estimado.

Si el equipo promedia un tiempo de ciclo de tres días por historia y hay 30 historias restantes, el equipo tendría 90 días hábiles restantes, aproximadamente de 4 a 5 meses.

Reflejar la variabilidad del estimado con gráficos de estilo huracán (o gráficos de proyecciones), o alguna otra medida de variabilidad que los patrocinadores puedan entender.

Ya que el aprendizaje es una parte tan grande del proyecto, el equipo necesita equilibrar la incertidumbre y proporcionar valor a los clientes. El equipo planea la siguiente pequeña parte del proyecto. El equipo informa datos empíricos, y replantea otros pequeños incrementos a fin de manejar la incertidumbre del proyecto.

Algunos proyectos basados en iteraciones usan gráficas de trabajo pendiente (burndown) para ver dónde va el proyecto en el tiempo. El Gráfico 5-1 muestra un ejemplo de una gráfica de trabajo pendiente en la que el equipo planeaba entregar 37 puntos de historia. Los puntos de historia valoran el trabajo relativo, el riesgo y la complejidad de un requisito o una historia. Muchos equipos ágiles usan puntos de historia para evaluar el esfuerzo. La línea punteada de trabajo pendiente es el plan. En el Gráfico 5-1, el equipo puede ver que por el Día 3 están en riesgo para esa entrega.

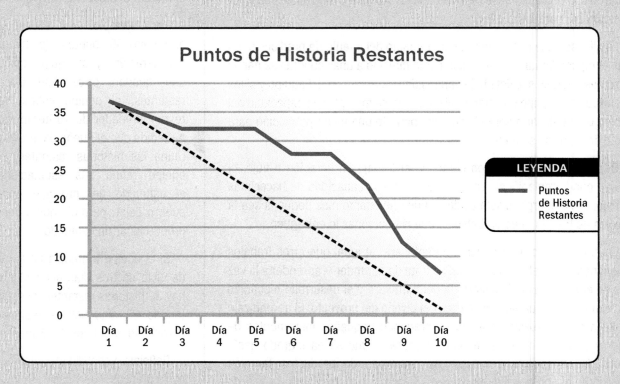

Gráfico 5-1. Gráfica de Trabajo Pendiente para los Puntos de Historia Restantes

Algunos equipos de proyecto prefieren gráficas de trabajo realizado (burnup). Los mismos datos utilizados en el Gráfico 5-1 se muestran en el Gráfico 5-2 en una gráfica de trabajo realizado.

Gráfico 5-2. Gráfica de Trabajo Realizado Mostrando Puntos de Historia Completados

Las gráficas de trabajo realizado muestran el trabajo completado. Los Gráficos 5-1 y 5-2 se basan en los mismos datos, pero presentados de dos maneras diferentes. Los equipos pueden preferir cómo ver sus datos.

Cuando un equipo ve lo que todavía no ha completado mientras trabaja en una iteración, el equipo podría desalentarse y posiblemente apurarse para completar el trabajo sin cumplir los criterios de aceptación. Sin embargo, el equipo podría tener buenas razones para no completar el trabajo como se esperaba. Las gráficas de trabajo pendiente muestran el efecto de los miembros del equipo realizando tareas múltiples, historias que son demasiado grandes, o miembros del equipo fuera de la oficina.

Especialmente con los equipos para los que ágil es nuevo, las gráficas de trabajo realizado mostrarán cambios en el alcance durante la iteración. Las gráficas de trabajo realizado permiten a los equipos ver lo que han logrado, lo que las ayuda a proceder con la próxima parte del trabajo.

Ya sea que los equipos usen gráficas de trabajo pendiente o trabajo realizado, ven lo que han completado a medida que avanza la iteración. Al final de la iteración, podrían basar su siguiente medida de capacidad (cuantas historias o puntos de historia) en los que completaron en esta iteración. Eso permite que el dueño del producto, junto con el equipo, vuelva a planificar lo que el equipo tenga más probabilidades de tener éxito para entregar en la próxima iteración.

La velocidad, la suma de los puntos de historia de las características efectivamente completadas en esta iteración, da la dimensión que permite al equipo planear su próxima capacidad con mayor precisión observando su rendimiento histórico.

Los equipos ágiles basados en flujo utilizan diferentes medidas: tiempo de entrega (el tiempo total que se tarda en entregar un elemento, medido desde el momento en que se agrega al tablero hasta el momento en que se completa), tiempo de ciclo (el tiempo requerido para procesar un elemento), y el tiempo de respuesta (el tiempo que un elemento espera hasta que empieza el trabajo). Los equipos miden el tiempo del ciclo para visualizar cuellos de botella y retrasos, no necesariamente dentro del equipo.

CONSEJO

Los equipos pueden descubrir que lograr una velocidad estable puede tomar de cuatro a ocho iteraciones. Los equipos necesitan la retroalimentación de cada iteración a fin de aprender cómo funcionan y cómo mejorar.

Tablero Kanban

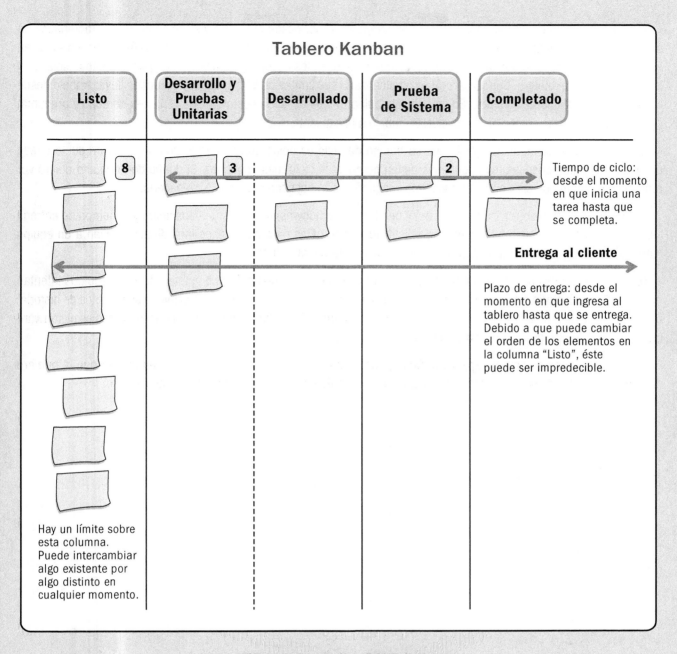

Listo	Desarrollo y Pruebas Unitarias	Desarrollado	Prueba de Sistema	Completado

8

3

2

Tiempo de ciclo: desde el momento en que inicia una tarea hasta que se completa.

Entrega al cliente

Plazo de entrega: desde el momento en que ingresa al tablero hasta que se entrega. Debido a que puede cambiar el orden de los elementos en la columna "Listo", éste puede ser impredecible.

Hay un límite sobre esta columna. Puede intercambiar algo existente por algo distinto en cualquier momento.

Gráfico 5-3. Ejemplo de un Tablero Kanban

El tiempo de entrega es útil para entender el tiempo de ciclo, desde el primer vistazo sobre una característica en particular hasta el tiempo que esta tardó en ser liberada al cliente. Los límites de trabajo en curso (WIP, por sus siglas en inglés) en la parte superior de cada columna, mostrados aquí en los cuadros, permiten al equipo ver cómo desplazar el trabajo a través del tablero. Cuando el equipo ha alcanzado sus límites de WIP, el equipo no puede llevar trabajo desde la izquierda a la siguiente columna. En cambio, el equipo trabaja desde la columna más llena a la derecha y pregunta: "¿Qué hacemos como equipo para mover este trabajo a la siguiente columna?"

Cada característica es única, por lo que su tiempo de ciclo es único. Sin embargo, un dueño del producto puede notar que las características más pequeñas tienen tiempos de ciclo más pequeños. El dueño del producto quiere ver rendimiento, por lo que crea características más pequeñas o trabaja con el equipo para hacerlo.

Las gráficas de trabajo realizado (burnups) y pendiente (burndowns) (métricas de capacidad) y el tiempo de entrega así como el tiempo de ciclo (métricas de predictibilidad) son útiles para mediciones inmediatas. Ayudan a un equipo a entender cuánto más trabajo tienen y si el equipo puede terminar a tiempo.

Medir puntos de historia no es lo mismo que medir historias o características completas. Algunos equipos intentan medir puntos de historia sin completar la característica o historia real. Cuando los equipos miden solo puntos de historia, miden la capacidad, no el trabajo terminado, lo que viola el principio de "la medida principal del progreso es el software que funciona" (u otro producto si no es de software).

Cada equipo tiene su propia capacidad. Cuando un equipo usa puntos de historia, tener en cuenta que el número de puntos de historia que un equipo puede completar en un tiempo dado es exclusivo para ese equipo.

Cuando los equipos dependen de personas o grupos externos, medir el tiempo del ciclo para ver cuánto tiempo tarda el equipo en completar el trabajo. Medir el tiempo de entrega para ver las dependencias externas después de que el equipo completa su trabajo. Los equipos también pueden medir el tiempo de reacción, el tiempo desde que está listo hasta la primera columna, para ver cuánto tiempo les toma —en promedio— responder a las nuevas solicitudes.

Cuando los equipos proporcionan sus propias unidades de medida, los equipos son más capaces de evaluar, estimar y entregar su trabajo. La desventaja de la estimación relativa es que no hay manera de comparar equipos o agregar velocidad entre equipos.

El equipo puede medir el trabajo terminado en una gráfica de trabajo realizado/pendiente (burnup/burndown) para una característica, y en una gráfica de trabajo realizado asociado al producto. Estas gráficas proporcionan tendencias de terminación en el tiempo, como se muestra en el Gráfico 5-4.

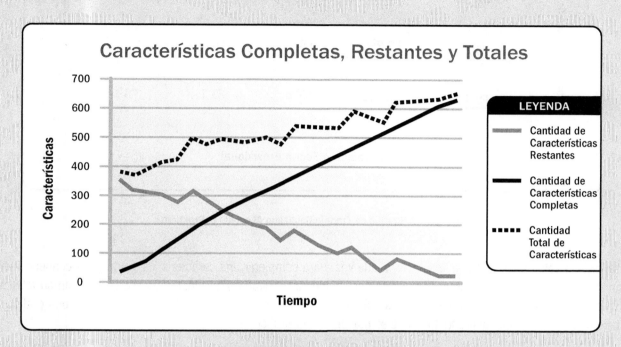

Gráfico 5-4. Gráfica de Características

Las gráficas de trabajo realizado/pendiente para características pueden mostrar que los requisitos crecieron durante el proyecto. La línea de características completadas muestra que el equipo completa las características a un ritmo estable. La línea de características totales muestra cómo cambiaron con el tiempo las características totales del proyecto. La línea de trabajo restante de características muestra que la tasa de finalización de características varía. Cada vez que se agregan características al proyecto, la línea de pendientes cambia.

El valor ganado en ágil se basa en las características completadas, como se muestra en el Gráfico 5-5. La gráfica de trabajo realizado asociado al producto muestra el trabajo completado en comparación con el trabajo total esperado en los hitos o iteraciones del intervalo.

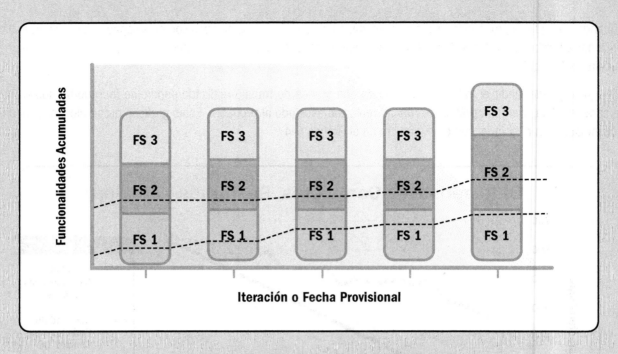

Gráfico 5-5. Gráfica de Trabajo Realizado Asociado al Producto

Un equipo solo puede terminar una historia a la vez. Para completar una característica grande que contiene varias historias, el equipo tendrá historias pendientes por completar y puede no terminar esa característica en su totalidad hasta que hayan transcurrido varios períodos más. El equipo puede mostrar su valor completado con una gráfica de trabajo realizado asociado al producto, como se muestra en el Gráfico 5-5.

Si un equipo necesita medir el valor ganado, puede considerar usar como ejemplo esta gráfica de trabajo realizado en el Gráfico 5-6 : Tenga en cuenta que el eje *Y* izquierdo representa los puntos de la historia como alcance, y el eje *Y* derecho representa el gasto del proyecto.

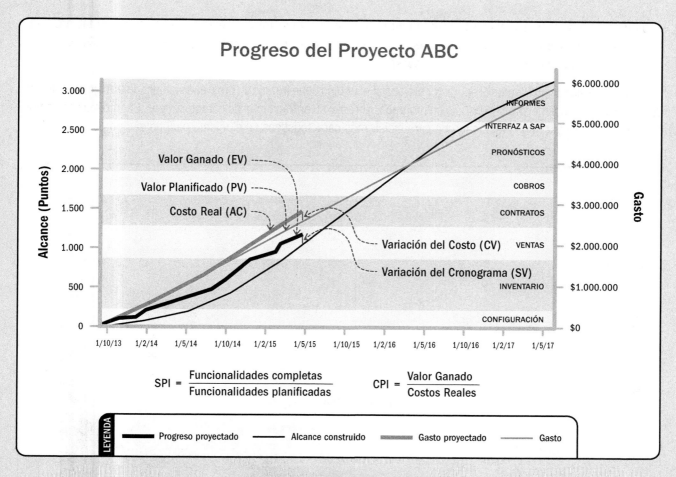

Gráfico 5-6. Valor Ganado en un Contexto Ágil

Las métricas tradicionales de EVM, tales como el índice de desempeño del cronograma (SPI) y el índice de desempeño del costo (CPI) se pueden traducir fácilmente a términos ágiles. Por ejemplo, si el equipo planeaba completar 30 puntos de historia en una iteración pero solo completa 25, entonces el SPI es 25/30 o 0.83 (el equipo está trabajando a solo el 83% de la tasa prevista). Igualmente, CPI es el valor ganado (valor de las características completadas) hasta la fecha dividido por los costos reales hasta la fecha o, como se muestra en el Gráfico 5-6, $2,2M/$2,8M = 0,79. Esto significa un resultado de solo 79 centavos de dólar en comparación con el plan (pero, por supuesto, esto asume que la predicción sigue siendo correcta).

Un diagrama de flujo acumulativo, ilustrado en el Gráfico 5-7, muestra el trabajo en progreso en un tablero. Si un equipo tiene muchas historias esperando ser probadas, la franja que representa las pruebas será más amplia. La acumulación de trabajo se puede ver a simple vista.

Los equipos tienen problemas al acumular el trabajo: el equipo tiene trabajo en progreso en lugar de trabajo completado. Cuando los equipos tienen mucho trabajo en progreso, retrasan su entrega total de características. Cuanto más se demore un equipo en entregar, más presión tendrá para incluir más características en el mismo período de tiempo.

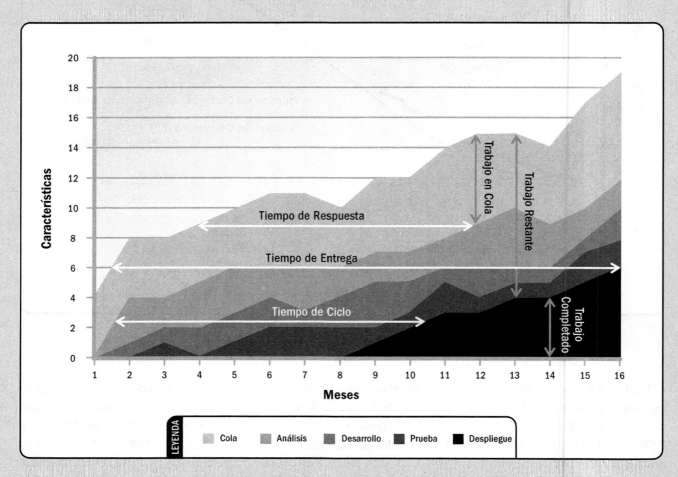

Gráfico 5-7. Diagrama de Flujo Acumulativo de las Características Completadas

Adaptar este flujo acumulativo al tablero de tareas del proyecto.

6

CONSIDERACIONES ORGANIZACIONALES PARA LA AGILIDAD DEL PROYECTO

Cada proyecto existe en un contexto organizacional. Las culturas, estructuras y políticas pueden influir tanto la dirección como en el resultado de cualquier proyecto. Estas dinámicas pueden desafiar a los líderes de proyecto.

Si bien es posible que los líderes de proyecto no tengan la capacidad de cambiar la dinámica organizacional como les parezca apropiado, se espera que manejen esa dinámica hábilmente.

Esta sección explora la forma en que la organización y en algunas circunstancias, el contexto del proyecto, influyen en los proyectos. Los líderes pueden explorar opciones de cambio a fin de aumentar el éxito del proyecto.

> La agilidad del proyecto es más efectiva y sostenida a medida que la organización se adapta para darle apoyo.

6.1 LA GESTIÓN DE CAMBIOS EN LA ORGANIZACIÓN

La gestión de cambios en la organización abarca las habilidades y técnicas para influir en los cambios que apoyan la agilidad.

La publicación del PMI, *Gestión del Cambio en las Organizaciones: La Guía Práctica* [2], describe un enfoque integral y holístico para introducir con éxito cambios significativos. Las recomendaciones que allí se ofrecen incluyen:

◆ Modelos para describir la dinámica del cambio,

◆ Marco de referencia para lograr el cambio, y

◆ Aplicación de prácticas de gestión de cambios a nivel de proyecto, programa y portafolio.

Las secciones 6.1.1 y 6.1.2 exploran las consideraciones de la gestión de cambios específicas para un contexto ágil.

El Gráfico 6-1 muestra la relación entre estos dos temas.

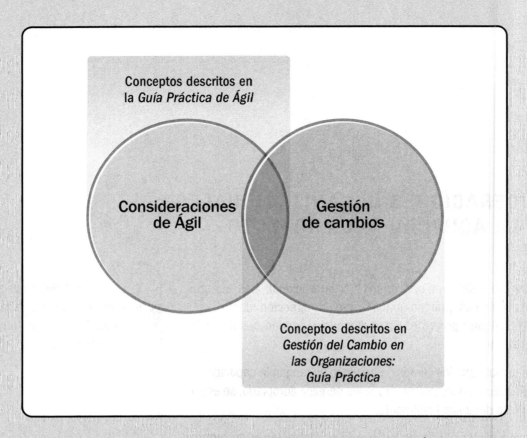

Gráfico 6-1. La Relación Entre los Enfoques de Gestión de Cambios y Ágil

6.1.1 CONDICIONANTES PARA LA GESTIÓN DE CAMBIOS

Todos los proyectos tienen que ver con el cambio. Sin embargo, hay dos factores clave que motivan aún más el uso de las prácticas de gestión de cambios en un contexto ágil:

◆ **Los cambios asociados con la entrega acelerada.** Los enfoques ágiles hacen hincapié en la entrega temprana y frecuente de las salidas del proyecto. Sin embargo, es posible que la organización receptora no esté plenamente preparada para incorporar esas salidas a un ritmo más rápido. La aceleración de la entrega pondrá a prueba la capacidad de la organización para adaptarse a la entrega. Descubrir y entregar con éxito las características de un proyecto no es suficiente. Si la organización presenta resistencia a los resultados del proyecto, el retorno buscado de la inversión se retrasa. La aceptación por parte del cliente y la alineación con los resultados del proyecto se vuelven aún más prevalentes en un entorno ágil.

◆ **Cambios asociados a los enfoques ágiles.** Las organizaciones que están empezando a utilizar enfoques ágiles también experimentan elevados grados de cambio. Los niveles más altos de colaboración pueden requerir intercambios más frecuentes entre equipos, departamentos o proveedores. La descomposición del trabajo en prototipos iterativos implica un retrabajo que podría ser visto en forma negativa. Los líderes deberían tomar en consideración técnicas de gestión de cambios para abordar los obstáculos en la transición al uso de enfoques ágiles.

6.1.2 PREPARACIÓN PARA EL CAMBIO

Las organizaciones que comienzan a utilizar enfoques ágiles deberían comprender la compatibilidad relativa de esos métodos con sus enfoques actuales. Algunas organizaciones tendrán características que den soporte más fácilmente a los principios ágiles de colaboración entre departamentos, aprendizaje continuo y procesos internos en evolución. Los ejemplos de estas características favorables al cambio incluyen:

◆ Voluntad de cambio por parte de la dirección ejecutiva;

◆ Voluntad de la organización para cambiar la forma en que visualiza, revisa y evalúa a los empleados;

◆ Centralización o descentralización de las funciones de dirección de proyectos, programas y portafolios;

◆ Enfoque sobre la presupuestación y los indicadores a corto plazo en comparación con los objetivos a largo plazo; y

◆ Madurez y capacidad de gestión del talento.

En cambio, existen otras características institucionales que pueden constituir obstáculos para lograr los cambios asociados con la agilidad organizacional. Los ejemplos de estas incluyen:

◆ El trabajo se descompone en silos por departamentos, creando dependencias que impiden la entrega acelerada, en lugar de formar equipos multidisciplinarios con orientación por parte de los centros de competencia.

◆ Las estrategias de adquisición se basan en estrategias de fijación de precios a corto plazo, y no en competencias a largo plazo.

◆ Los líderes son recompensados por eficiencias localizadas, en lugar de un flujo de entrega de proyectos de extremo a extremo u optimización del conjunto (en relación con la organización).

◆ Los empleados son contribuyentes especializados con herramientas o incentivos limitados a fin de diversificar sus habilidades en lugar de formar especialistas en forma de T.

◆ Los portafolios descentralizados comprometen a los empleados simultáneamente a demasiados proyectos a la vez, en lugar de mantenerlos enfocados en un proyecto a la vez.

El grado en que una organización esté dispuesta a revisar y modificar estas prácticas determinará cuán rápida y efectivamente se pueden adoptar los enfoques ágiles. Sin embargo, en respuesta a estos impedimentos organizativos a la agilidad, los líderes de proyecto pueden intentar varios enfoques para acelerar una compatibilidad cultural en cuanto a:

◆ Patrocinio ejecutivo visible y activo,

◆ Prácticas de gestión de cambios, incluyendo comunicación y coaching,

◆ Llevar progresivamente a cabo la adopción de prácticas ágiles proyecto por proyecto.

◆ Introducción gradual de prácticas ágiles al equipo; y

◆ Liderazgo con el ejemplo usando técnicas y prácticas ágiles donde sea posible.

6.2 CULTURA DE LA ORGANIZACIÓN

La cultura de una organización es su ADN, su identidad central. La cultura siempre influirá en el uso de enfoques ágiles. La cultura organizacional transcurre a lo largo de un continuo, desde planes altamente predictivos hasta las organizaciones Lean donde todo es un experimento. Aunque los enfoques ágiles encajan bien con la cultura Lean de organizaciones de reciente creación, una organización altamente predictiva puede alentar métricas empíricas, pequeños experimentos y aprendizaje, para que puedan avanzar hacia la agilidad.

6.2.1 CREACIÓN DE UN ENTORNO DE SEGURIDAD

La cultura organizacional es difícil de cambiar, pero la norma cultural más importante en una organización dispuesta a probar cualquier nuevo método o técnica es habilitar un ambiente de trabajo seguro.

Sólo en un entorno seguro, honesto y transparente, los miembros y los líderes del equipo pueden realmente reflexionar sobre sus éxitos a fin de asegurar que sus proyectos continúen avanzando, o aplicar las lecciones aprendidas en los proyectos fallidos para que no volver a caer en los mismos patrones.

6.2.2 EVALUACIÓN DE LA CULTURA

Cada proyecto se encuentra en tensión con aspiraciones en competencia. ¿Cómo puede avanzar rápidamente el equipo sin comprometer la calidad? ¿Cómo puede el equipo conservar la flexibilidad y al mismo tiempo cumplir con una fecha fija? Y lo que es más importante, ¿cómo satisface y cumple el equipo los requisitos del cliente?

Los líderes de proyecto pueden sentir que su trabajo consiste en satisfacer todas las expectativas de cada uno de los interesados; pero, cuando se ven obligados a tomar una decisión, a menudo hay una prioridad que depende de la cultura y los requisitos del entorno de negocio de la organización. Por ejemplo, un proyecto de telecomunicaciones móviles tiene una mayor predisposición a la velocidad, mientras que un programa gubernamental puede tener una mayor predisposición a la generalización y a la estabilidad.

"La cultura se desayuna a la estrategia" —Peter Drucker

Esta declaración subraya la importancia del compromiso y la pasión de las personas por una causa. Independientemente de cuál sea la estrategia o plan que implemente con su equipo, el éxito de la misma dependerá de las personas que implementen el plan. Si las personas que están dirigiendo la estrategia no son apasionadas por el cambio, o peor aún, son apáticas en cuanto a su trabajo y su organización, entonces uno tiene pocas posibilidades de implementar el cambio.

Para navegar por estas dinámicas, los líderes de proyecto deberían tomarse el tiempo necesario para evaluar dónde se aplica el énfasis con mayor frecuencia en la organización. El Gráfico 6-2 ilustra cómo podría lucir una evaluación. En este ejemplo, un líder de proyecto inicia una conversación sobre las prioridades de la organización con los interesados, los miembros del equipo y la alta dirección. Esas prioridades se registran a continuación como posiciones en una escala deslizante entre dos extremos. Los resultados se utilizan para encontrar las técnicas ágiles que mejor se adaptan a esas prioridades.

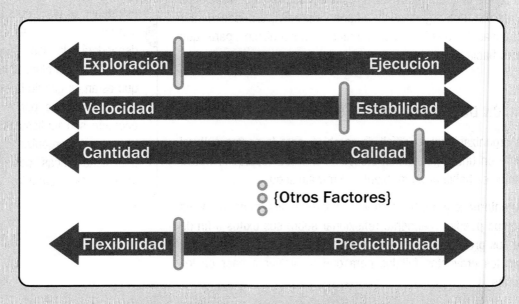

Gráfico 6-2. Ejemplo de Evaluación de la Cultura Organizacional

Existen varios modelos para evaluar tales dinámicas; sin embargo, el modelo o método utilizado no es lo más importante. Resulta más crítico que los líderes del proyecto realicen el esfuerzo para comprender las fuerzas que conforman su contexto. El entender la organización y los requisitos del sector que una organización necesita satisfacer permite elegir las conversaciones correctas, los compromisos correctos y, especialmente, las técnicas correctas.

6.3 ADQUISICIONES Y CONTRATOS

Como se mencionó anteriormente en esta guía práctica, el Manifiesto de Ágil valora la "colaboración con el cliente, más que negociación del contratos". Muchas de las fallas de los proyectos se deben a fallas en la relación cliente–proveedor. Los proyectos incurren en mayor riesgo cuando los involucrados en el contrato toman la perspectiva de ganadores contra perdedores. Un enfoque colaborativo es aquel que persigue una relación de riesgo y recompensa compartidos, donde todas las partes ganan. Algunas técnicas de contratación que pueden formalizar esta dinámica son las siguientes:

◆ **Estructura de varios niveles.** En lugar de formalizar toda una relación contractual en un solo documento, las partes del proyecto pueden lograr más flexibilidad describiendo diversos aspectos en diferentes documentos. La mayoría de los elementos fijos (por ejemplo, garantías, arbitraje) pueden ser bloqueados en un acuerdo maestro. Mientras tanto, todas las partes enumeran otros elementos sujetos a cambios (por ejemplo, tarifas de servicios, descripciones de productos) en un cronograma de servicios. El contrato puede hacer referencia a ellos en el acuerdo maestro de servicios. Por último, los elementos más dinámicos como el alcance, el cronograma y el presupuesto pueden formalizarse en un enunciado liviano del trabajo. Aislar los elementos más cambiantes de un contrato en un único documento simplifica las modificaciones y, por lo tanto, la flexibilidad.

◆ **Enfatizar el valor entregado.** Muchas de las relaciones con los proveedores se rigen por hitos fijos o "revisiones de fase" centradas en objetos intermedios, en lugar de un entregable completo de valor incremental del negocio. A menudo, estos controles limitan el uso de retroalimentación a fin de mejorar el producto. En vez de esto, los hitos y las condiciones de pago pueden estructurarse en función de los entregables impulsados por el valor para mejorar la agilidad del proyecto.

◆ **Incrementos de precio fijo.** En lugar de fijar todo el alcance y el presupuesto del proyecto en un único acuerdo, un proyecto puede descomponer el alcance en microentregables de precio fijo, tales como historias de usuario. Para el cliente, esto le da más control sobre cómo se gasta el dinero. Para el proveedor, esto limita el riesgo financiero del exceso de compromiso con relación a una sola característica o entregable.

◆ **Sin exceder tiempo y materiales.** Los clientes incurren en riesgos indeseados debido a un enfoque tradicional de tiempo y materiales. Una alternativa es limitar el presupuesto global a un monto fijo. Esto permite al cliente incorporar nuevas ideas e innovaciones en el proyecto que no fueron planificadas originalmente. Cuando los clientes quieran incorporar nuevas ideas, tendrán que arreglárselas con una determinada capacidad, sustituyendo el trabajo original por otro nuevo. El trabajo debe ser monitoreado de cerca a medida que las horas asignadas llegan a su límite. Además, si se considera útil pueden planificarse horas de contingencia adicionales en el presupuesto máximo.

◆ **Tiempo y materiales graduados.** Otra alternativa es un enfoque de riesgo financiero compartido. En Ágil, los criterios de calidad son parte de lo que significa "completado". Por lo tanto, el proveedor puede ser recompensado con una tarifa horaria más alta cuando la entrega se produce antes del plazo de entrega contratado. Por el contrario, el proveedor sufriría una reducción de la tarifa en caso de demora en la entrega.

◆ **Opción de cancelación anticipada.** Cuando un proveedor ágil entrega suficiente valor con sólo la mitad del alcance completado, el cliente no debería estar obligado a pagar la mitad restante si el cliente ya no lo necesita. En su lugar, un contrato puede ofrecer al cliente la posibilidad de comprar el resto del proyecto por un cargo por cancelación. El cliente limita la exposición del presupuesto y el proveedor obtiene ingresos positivos por servicios que ya no son necesarios.

◆ **Opción de alcance dinámico.** Para los contratos con un presupuesto fijo, un proveedor puede ofrecer al cliente la opción de variar el alcance del proyecto en puntos específicos del mismo. El cliente puede ajustar características para adaptarse a la capacidad. A continuación, el cliente puede aprovechar las oportunidades de innovación, al tiempo que limita el riesgo de exceso de compromiso del proveedor.

◆ **Aumento del equipo.** Podría decirse que el enfoque de contratación más colaborativo es integrar los servicios del proveedor directamente a la organización del cliente. Financiar a los equipos en vez de a un alcance específico preserva la discreción estratégica del cliente en cuanto a lo que realmente se debe hacer.

◆ **Favorecer a los proveedores de servicios completos.** Para diversificar el riesgo los clientes pueden buscar una estrategia de múltiples proveedores. Sin embargo, la tentación será contratar la obra de manera que cada proveedor haga una sola cosa, lo que crea una red de dependencias antes de que surja cualquier servicio o producto utilizable. En su lugar, hacer hincapié en los compromisos que ofrezcan un valor total (como en la idea de conjuntos de características independientes completados).

Es posible crear contratos ágiles. Ágil se basa en una sinergia de colaboración y confianza. El proveedor puede ayudar entregando valor más temprano y con frecuencia. El cliente puede ayudar proporcionando retroalimentación oportuna.

6.4 PRÁCTICAS DEL NEGOCIO

La voluntad y la capacidad de crear nuevas competencias dentro de una organización cuando surge la necesidad constituye un indicador de agilidad organizacional. Estos cambios no tienen que ser devastadores y podrían ser menos perjudiciales en una organización que se centra en la agilidad y en los resultados que proporciona. La transparencia y la colaboración abierta son absolutamente fundamentales.

Dado que los equipos multidisciplinarios ofrecen valor, los equipos y las personas pueden encontrar problemas con varias funciones de soporte en la organización.

A medida que el equipo entrega valor de forma regular, los departamentos financieros pueden tener la oportunidad de capitalizar el producto de manera diferente. Si el equipo tiene contratos con otras organizaciones, es posible que los departamentos de adquisiciones tengan que cambiar esos contratos para ayudar a las otras organizaciones a entregar valor con frecuencia y sincronizarse con el equipo.

Una vez que los equipos comienzan a trabajar de manera cohesiva y cooperativa, desafiarán las políticas de gestión internas. El departamento de recursos humanos pueden notar que los incentivos individuales tienen menos sentido, y los gerentes pueden tener dificultades con las evaluaciones del desempeño de los empleados auto-organizados. En cada caso, estas representan oportunidades para revisar el grado en que las prácticas existentes apoyan formas ágiles de trabajar.

A medida que las organizaciones progresan hacia una mayor agilidad, se presentarán necesidades obvias de unidades de negocio adicionales para cambiar la forma en que interactúan y cumplen con sus responsabilidades. Los cambios que han beneficiado a otras áreas de la organización deben ahora ser adoptados para lograr la efectividad de toda la organización.

6.5 COORDINACIÓN Y DEPENDENCIAS ENTRE MÚLTIPLES EQUIPOS (SCALING)

Muchos proyectos incurren en dependencias, incluso cuando no son gestionados dentro de un programa dado. Por esta razón, es necesario tener un entendimiento de cómo funciona la agilidad dentro de un contexto existente de dirección de programas y portafolios.

6.5.1 MARCOS DE REFERENCIA

La orientación de los métodos ágiles más generalizados, como Scrum y eXtreme Programming, se centra en las actividades de un equipo multidisciplinario único, pequeño y normalmente situado en el mismo lugar. Si bien esto es muy útil para los esfuerzos que requieren un solo equipo, puede proporcionar una orientación insuficiente para las iniciativas que requieren la colaboración de múltiples equipos ágiles dentro de un programa o portafolio.

Ha surgido una gama de marcos de referencia tales como Scaled Agile Framework (SAFe®), Large Scale Scrum (LeSS), y Disciplined Agile (DA), y enfoques (p. ej. Scrum de Scrums) para atender precisamente a estas circunstancias. En el Anexo A3 figura más información al respecto.

6.5.2 CONSIDERACIONES

Hay más de una manera de escalar el trabajo. El equipo podría necesitar escalar el trabajo de varios proyectos ágiles hacia un solo programa ágil. Alternativamente, la organización puede diseñar una estructura que soporte a enfoques ágiles en todo el portafolio.

Por ejemplo, es útil comenzar con algo pequeño y aprender lo más rápido posible acerca de lo que funciona bien en el contexto organizacional. Los equipos pueden lograr resultados exitosos, incluso cuando no todo se transforme completamente en un enfoque ágil.

Independientemente del enfoque, el equipo ágil y saludable es un factor de éxito crítico. Si el usar un enfoque ágil para un solo equipo no tiene éxito, no intente escalarlo para utilizarlo de manera más amplia; en vez de eso, hay que abordar los impedimentos organizativos que obstaculizan el trabajo ágil de los equipos.

El objetivo de los proyectos ágiles a gran escala es coordinar los esfuerzos de los diferentes equipos a fin de aportar valor a los clientes. Hay más de una manera de hacer eso. Los equipos pueden utilizar un marco de referencia formal o pueden aplicar un pensamiento ágil para ajustar las prácticas de dirección de programas existentes.

6.6 ÁGIL Y LA OFICINA DE DIRECCIÓN DE PROYECTOS (PMO)

La PMO existe a fin de orientar el valor del negocio en toda la organización. Podría hacerlo ayudando a que los proyectos logren sus objetivos. A veces, la PMO educa a los equipos (o hace arreglos para la capacitación) y presta soporte a los proyectos. Algunas veces, la PMO aconseja a la gerencia sobre el valor relativo del negocio para un proyecto o conjunto de proyectos determinado.

Debido a que la agilidad crea cambios culturales, con el tiempo la organización podría necesitar cambiar, incluyendo a la PMO. Por ejemplo, los gerentes toman decisiones sobre qué proyectos financiar y cuándo, y los equipos deciden qué necesitan a fin de recibir capacitación o asesoramiento.

6.6.1 UNA PMO ÁGIL ESTÁ ORIENTADA POR EL VALOR

Cualquier proyecto debería entregar el valor adecuado, a la audiencia adecuada, en el momento adecuado. El objetivo de la PMO es facilitar y hacer posible este objetivo. Un enfoque de PMO basado en la agilidad se basa fundamenta en una mentalidad de colaboración con el cliente y está presente en todos los programas de la PMO. En muchos casos, esto significa que la PMO opera como si fuera una empresa de consultoría, adaptando sus esfuerzos a las necesidades específicas que tenga un proyecto determinado. Algunos proyectos pueden necesitar herramientas y plantillas, mientras que otros pueden beneficiarse de la facilitación ejecutiva. La PMO debe esforzarse por entregar lo que se necesita y seguirle el paso de sus clientes para garantizar que conoce y es capaz de adaptarse a sus necesidades. Este enfoque de intra-emprendedor se centra en las actividades de la PMO que se perciben como las más valiosas para los proyectos que apoya.

6.6.2 UNA PMO ÁGIL ES UNA ORGANIZACIÓN ORIENTADA A LA INVITACIÓN

Para acelerar el progreso sobre un acta de constitución basada en valores, una PMO puede estar tentada a imponer ciertas soluciones o enfoques, por ejemplo, para hacer que todos hagan lo mismo a fin de obtener algunas ganancias rápidas. Sin embargo, una perspectiva más deliberada incorpora el deseo de involucrar a los empleados. Esto se logra invitando solamente a aquellos interesados en participar en los servicios de la PMO. Un mayor compromiso con las prácticas de la PMO hace que sea más fácil que esas prácticas se vuelvan "adictivas". Si la PMO está entregando valor a sus clientes, es más probable que ellos soliciten sus servicios y adopten sus prácticas.

6.6.3 UNA PMO ÁGIL ES MULTIDISCIPLINARIA

A fin dar soporte a las necesidades específicas de cada proyecto, la PMO debe estar familiarizada con varias competencias que van más allá de la propia dirección de proyectos, ya que diferentes proyectos requieren capacidades distintas. Por ejemplo, un proyecto puede necesitar un diseño organizacional para abordar los desafíos de la dotación de personal, mientras que otro puede requerir técnicas de gestión de cambios en la organización para la participación de los interesados o modelos de negocio únicos a fin de apoyar a los objetivos del cliente.

Algunas organizaciones han ido transformando sus PMOs hacia centros ágiles de excelencia que proveen servicios tales como:

◆ **Desarrollo e implementación de estándares.** Proporcionar plantillas para historias de usuario, casos de prueba, diagramas de flujo acumulativos, etc. Proporcionar herramientas ágiles y educar a los grupos de soporte en los conceptos iterativos de desarrollo.

◆ **Desarrollo del personal a través de la capacitación y la tutoría.** Coordinar cursos de capacitación, entrenadores y mentores ágiles para ayudar a las personas a pasar a una mentalidad ágil y mejorar sus habilidades. Animar y apoyar a las personas para que asistan a los eventos ágiles locales.

◆ **Dirección de múltiples proyectos.** Coordinación entre equipos ágiles mediante la comunicación entre los proyectos. Consideración sobre la posibilidad de compartir elementos como el progreso, los temas y los hallazgos retrospectivos, y los experimentos de mejora. Ayudar a administrar las principales liberaciones a los clientes a nivel de programa y los temas de inversión a nivel de cartera, utilizando un marco de referencia apropiado.

◆ **Facilitar el aprendizaje organizacional.** Reunir los perfiles de velocidad de los proyectos y capturar, almacenar e indizar los hallazgos retrospectivos.

◆ **Manejo de los interesados.** Proporcionar capacitación a los dueños de los productos, orientación sobre las pruebas de aceptación y cómo evaluar y dar retroalimentación sobre los sistemas. Defender la importancia de los expertos en la materia (SMEs) para los proyectos.

◆ **Reclutamiento, selección y evaluación de los líderes de los equipos.** Desarrollar directrices para entrevistar a los profesionales practicantes de ágil.

◆ **Ejecución de tareas especializadas para los proyectos.** Entrenar y proporcionar facilitadores retrospectivos, crear acuerdos con los solucionadores de problemas de proyectos ágiles y proporcionar mentores y orientadores.

6.7 ESTRUCTURA ORGANIZACIONAL

La estructura de una organización influye fuertemente en su capacidad de pivotar hacia nuevas informaciones o necesidades cambiantes del mercado. Esta es una lista de las principales características:

◆ **Geografía.** Las organizaciones de proyectos geográficamente distribuidas y dispersas pueden enfrentar varios problemas que impidan su trabajo en cualquier proyecto. Los líderes de proyecto y los gerentes regionales pueden tener metas alternativas o incluso contrapuestas. Adicionalmente, las diferencias culturales, las barreras idiomáticas y la menor visibilidad pueden volver lenta la productividad. Afortunadamente, el uso de enfoques ágiles puede alentar una mayor colaboración y confianza de la que existiría de otro modo. En estos contextos los líderes de proyecto deberán alentar el diálogo a nivel de equipo y nivel ejecutivo, a fin de adaptar las técnicas al contexto y para manejar las expectativas sobre el esfuerzo requerido para hacerlo.

◆ **Estructuras funcionalizadas.** Algunas organizaciones están estructuradas en un espectro que va desde el altamente proyectizado hasta el altamente funcionalizado, pasando por el tipo matricial. Los proyectos con estructuras altamente funcionalizadas pueden enfrentar una resistencia general a la colaboración en toda la organización.

◆ **Tamaño de los entregables del proyecto.** Reducir el tamaño de un entregable de un proyecto motivará entregas más frecuentes entre departamentos y, por lo tanto, interacciones más frecuentes y un flujo de valor más rápido a través de la organización.

◆ **Asignación de personas a proyectos.** Otro enfoque consiste en solicitar que una sola persona de cada departamento sea asignada temporalmente, aunque totalmente, al proyecto de máxima prioridad.

◆ **Organizaciones con actividades de adquisición intensivas.** Algunas organizaciones escogen implementar proyectos principalmente a través de proveedores. Aunque las metas del proyecto pueden ser claras, los proveedores tienen la responsabilidad de cuidar su propia viabilidad financiera. Además, una vez que los proveedores cumplen con sus obligaciones y terminan su compromiso, se llevan los conocimientos asociados al proyecto. Esto limita las competencias internas necesarias para conservar la flexibilidad y la rapidez. Las técnicas ágiles, tales como las retrospectivas y el seguimiento de posibles áreas de mejora cuando el proveedor aún está comprometido, pueden ayudar a mitigar la pérdida de conocimiento del producto.

6.8 EVOLUCIÓN DE LA ORGANIZACIÓN

Se recomienda realizar el trabajo de manera incremental al abordar un área de desafío individual o al implementar un nuevo enfoque híbrido o ágil. Una práctica común es tratar el proceso de cambio como un proyecto ágil, con su propia acumulación de cambios que el equipo podría introducir y priorizar basándose en el valor percibido u otras consideraciones. Cada uno de los cambios puede ser tratado como un experimento, el cual es probado durante un corto período para determinar la idoneidad tal como es, o la necesidad de un mayor refinamiento/consideración.

Use tableros kanban para hacer un seguimiento del progreso, mostrando los nuevos enfoques ya en uso como "completado", aquellos que están siendo probados como "en progreso", y aquellos que aún esperan ser introducidos como "por hacer". Consulte el Gráfico 6-3 para ver el tablero inicial con un trabajo pendiente clasificado. El Gráfico 6-4 muestra un ejemplo de lo que un tablero podría tener a medida que avanza el trabajo.

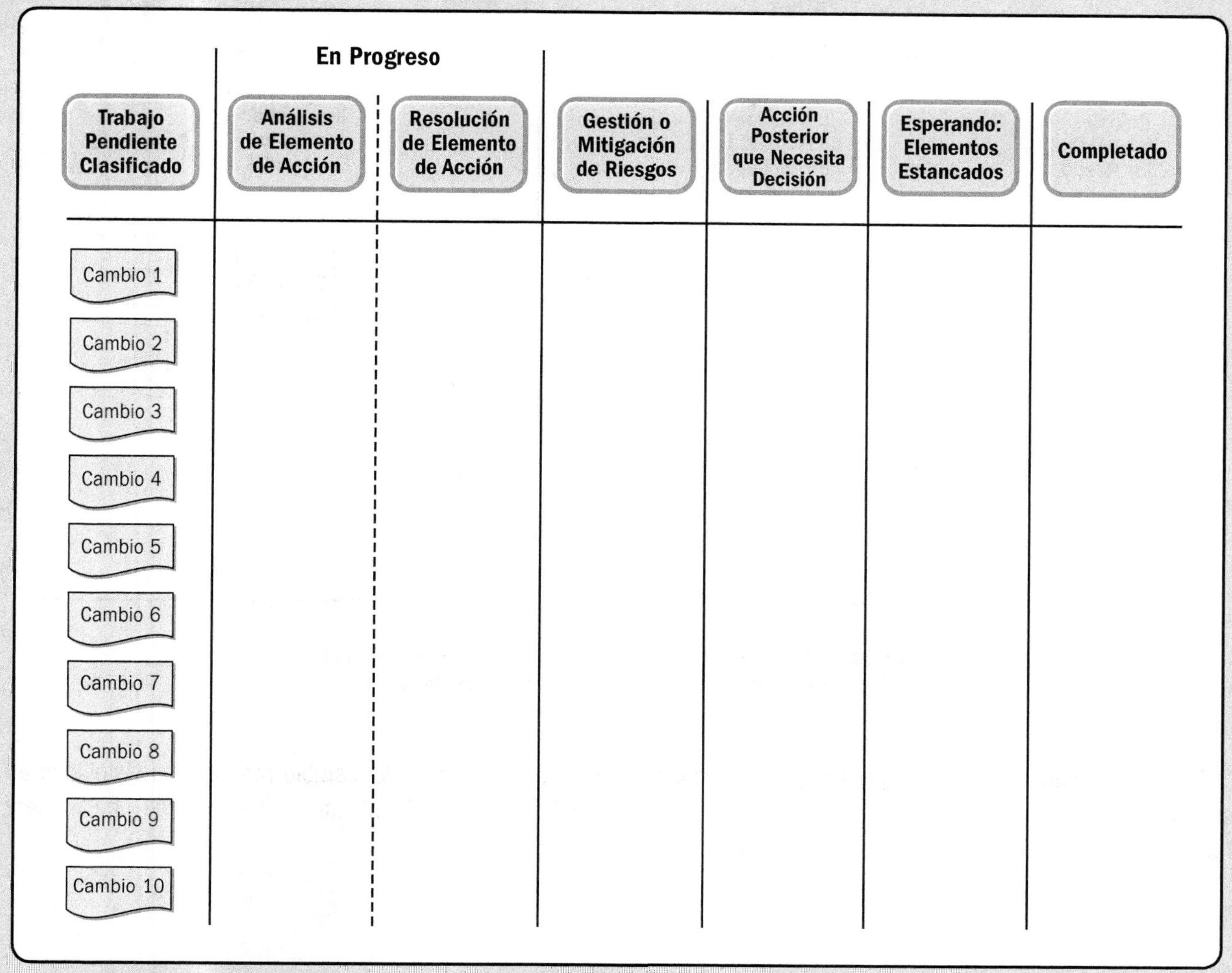

Trabajo Pendiente Clasificado	En Progreso		Gestión o Mitigación de Riesgos	Acción Posterior que Necesita Decisión	Esperando: Elementos Estancados	Completado
	Análisis de Elemento de Acción	Resolución de Elemento de Acción				
Cambio 1						
Cambio 2						
Cambio 3						
Cambio 4						
Cambio 5						
Cambio 6						
Cambio 7						
Cambio 8						
Cambio 9						
Cambio 10						

Gráfico 6-3. Trabajo Pendiente Clasificado Inicial para los Cambios

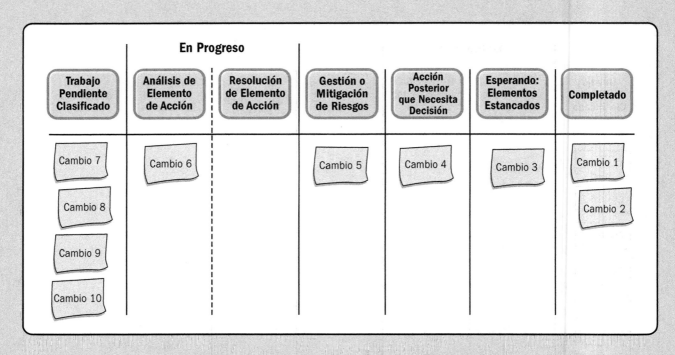

Gráfico 6-4. Uso de los Trabajos Pendientes y Tableros Kanban para Organizar y Realizar un Seguimiento del Trabajo de Cambio

El uso de estas herramientas para organizar y gestionar la implementación del cambio proporciona visibilidad en el progreso, y también modela los enfoques que se están implementando. Desplegar los cambios de una manera transparente y atractiva aumenta la probabilidad de su éxito.

7

LLAMADA A LA ACCIÓN

La adopción de Ágil y sus enfoques para la gestión de proyectos ha aumentado dramáticamente desde que el Manifiesto de Ágil fue publicado por primera vez en 2001. La adopción y el deseo de operar con una mentalidad ágil ya no están limitados a una organización de cierto tamaño o a las que se especializan sólo en tecnología de la información. La mentalidad se aplica universalmente y los enfoques resultan exitosos en muchos ámbitos.

Hoy en día, la demanda por "ser ágil" es más elevada que nunca. El debate sobre el mejor camino hacia la agilidad sigue manteniendo en evolución el diálogo y la innovación. Una verdad sigue siendo constante—la inspección, la adaptación y la transparencia son fundamentales para entregar valor de forma exitosa.

Es posible que no vea todo lo que esperaba ver en esta guía práctica. Nuestro equipo principal se da cuenta de que usted puede estar en desacuerdo con algunos elementos o enfoques que elegimos presentar —y de forma apasionada. Apelamos a su pasión para continuar la conversación y mejorar la próxima iteración de esta guía práctica. Este es su viaje—aprender, experimentar, obtener retroalimentación y volver a experimentar. A continuación ayúdenos a mirar en retrospectiva; denos su opinión sobre la guía y contribuya a futuras ediciones de esta guía práctica. Después de todo, la inspección sin adaptación es un esfuerzo desperdiciado.

Por último, queremos animarle a participar en las comunidades de dirección de proyectos y Ágil más amplias para continuar las conversaciones sobre estos temas. Busque los representantes tanto del PMI como de Agile Alliance® en conferencias y reuniones, e invítelos a participar en discusiones. Utilice las redes sociales y publique un "blog" con sus pensamientos y opiniones.

Usted puede dar su opinión y entrar en conversaciones sobre el contenido de esta guía práctica en el blog "Agile in Practice", en https://www.projectmanagement.com/blogs/347350/Agile-in-Practice.

ANEXO A1
CORRESPONDENCIA CON LA *GUÍA DEL PMBOK®*

La Tabla A1-1 ilustra la correspondencia de los Grupos de Procesos de la Dirección de Proyectos a las Áreas de Conocimiento definidas en la *Guía del PMBOK®* – Sexta Edición.

Este anexo describe cómo los enfoques híbridos y ágiles abordan los atributos descritos en las Áreas de Conocimiento de la *Guía del PMBOK®* (ver Tabla A1-2). Abarca lo que permanece igual y lo que puede ser diferente, junto con algunas pautas a considerar a fin de aumentar la probabilidad de éxito.

Tabla A1-1. Correspondencia entre Grupos de Procesos y Áreas de Conocimiento de la Dirección de Proyectos

Áreas de Conocimiento	Grupos de Procesos de la Dirección de Proyectos				
	Grupo de Procesos de Inicio	Grupo de Procesos de Planificación	Grupo de Procesos de Ejecución	Grupo de Procesos de Monitoreo y Control	Grupo de Procesos de Cierre
4. Gestión de la Integración del Proyecto	4.1 Desarrollar el Acta de Constitución del Proyecto	4.2 Desarrollar el Plan para la Dirección del Proyecto	4.3 Dirigir y Gestionar el Trabajo del Proyecto 4.4 Gestionar el Conocimiento del Proyecto	4.5 Monitorear y Controlar el Trabajo del Proyecto 4.6 Realizar el Control Integrado de Cambios	4.7 Cerrar el Proyecto o Fase
5. Gestión del Alcance del Proyecto		5.1 Planificar la Gestión del Alcance 5.2 Recopilar Requisitos 5.3 Definir el Alcance 5.4 Crear la EDT/WBS		5.5 Validar el Alcance 5.6 Controlar el Alcance	
6. Gestión del Cronograma del Proyecto		6.1 Planificar la Gestión del Cronograma 6.2 Definir las Actividades 6.3 Secuenciar las Actividades 6.4 Estimar la Duración de las Actividades 6.5 Desarrollar el Cronograma		6.6 Controlar el Cronograma	
7. Gestión de los Costos del Proyecto		7.1 Planificar la Gestión de los Costos 7.2 Estimar los Costos 7.3 Determinar el Presupuesto		7.4 Controlar los Costos	
8. Gestión de la Calidad del Proyecto		8.1 Planificar la Gestión de la Calidad	8.2 Gestionar la Calidad	8.3 Controlar la Calidad	
9. Gestión de los Recursos del Proyecto		9.1 Planificar la Gestión de Recursos 9.2 Estimar los Recursos de las Actividades	9.3 Adquirir Recursos 9.4 Desarrollar el Equipo 9.5 Dirigir al Equipo	9.6 Controlar los Recursos	
10. Gestión de las Comunicaciones del Proyecto		10.1 Planificar la Gestión de las Comunicaciones	10.2 Gestionar las Comunicaciones	10.3 Monitorear las Comunicaciones	
11. Gestión de los Riesgos del Proyecto		11.1 Planificar la Gestión de los Riesgos 11.2 Identificar los Riesgos 11.3 Realizar el Análisis Cualitativo de Riesgos 11.4 Realizar el Análisis Cuantitativo de Riesgos 11.5 Planificar la Respuesta a los Riesgos	11.6 Implementar la Respuesta a los Riesgos	11.7 Monitorear los Riesgos	
12. Gestión de las Adquisiciones del Proyecto		12.1 Planificar la Gestión de las Adquisiciones	12.2 Efectuar las Adquisiciones	12.3 Controlar las Adquisiciones	
13. Gestión de los Interesados del Proyecto	13.1 Identificar a los Interesados	13.2 Planificar el Involucramiento de los Interesados	13.3 Gestionar la Participación de los Interesados	13.4 Monitorear el Involucramiento de los Interesados	

Área de Conocimiento de la Guía del PMBOK®	Aplicación en un Proceso de Trabajo con Ágil
Sección 4 **Gestión de la Integración del Proyecto**	Los enfoques iterativos y ágiles promueven la participación de los miembros del equipo como expertos locales en la materia de gestión de la integración. Los miembros del equipo determinan cómo han de integrarse planes y componentes. Las expectativas del director del proyecto, tal como se señala en las secciones de *Conceptos Clave para la Gestión de la Integración en la Guía del PMBOK*® no cambian en un entorno adaptativo, pero el control de la planificación y entrega detalladas del producto es delegado al equipo. El director del proyecto debe concentrarse en establecer un entorno colaborativo para la toma de decisiones y en asegurar que el equipo tenga la capacidad de responder a los cambios. Este enfoque colaborativo puede mejorarse aún más cuando los miembros del equipo poseen una base de habilidades amplia en lugar de una estrecha especialización.
Sección 5 **Project Scope Management**	En proyectos con requisitos cambiantes, de alto riesgo o incertidumbre significativa, a menudo no se entiende el alcance al inicio del proyecto o éste evoluciona durante el mismo. Los métodos ágiles deliberadamente invierten menos tiempo tratando de definir y acordar el alcance en la etapa temprana del proyecto e invierten más tiempo estableciendo el proceso para su descubrimiento y perfeccionamiento continuo. Muchos entornos con requisitos emergentes descubren que a menudo existe una brecha entre las necesidades reales de negocios y los requisitos de negocio que fueron señalados en un principio. Por lo tanto, los métodos ágiles deliberadamente construyen y revisan prototipos y lanzan versiones con el fin de perfeccionar los requisitos. Como resultado, el alcance es definido y redefinido a lo largo del proyecto. En los enfoques ágiles, los requisitos constituyen el trabajo pendiente.

Área de Conocimiento de la Guía del PMBOK®	Aplicación en un Proceso de Trabajo con Ágil
Sección 6 **Gestión del Cronograma del Proyecto**	Los enfoques adaptativos utilizan ciclos cortos para llevar a cabo el trabajo, revisar los resultados y adaptarse, según sea necesario. Estos ciclos proporcionan retroalimentación rápida sobre los enfoques y la adecuación de los entregables, y generalmente se manifiestan como programación iterativa y programación a demanda de tipo pull, tal como se discute en la sección sobre Tendencias Clave y Prácticas Emergentes en la Gestión del Cronograma del Proyecto en la *Guía del PMBOK®*. En organizaciones grandes, puede haber una mezcla de pequeños proyectos y grandes iniciativas que requieran hojas de ruta a largo plazo para gestionar el desarrollo de estos programas usando factores de escala (p.ej., tamaño del equipo, distribución geográfica, cumplimiento normativo, complejidad de la organización y complejidad técnica). A fin de abordar el ciclo de vida de entrega completo para sistemas mayores en toda la empresa, podría ser necesario adoptar una serie de técnicas que utilicen un enfoque predictivo, un enfoque adaptativo o un híbrido entre ambos. La organización podría necesitar combinar prácticas de varios métodos esenciales, o adoptar un método que ya lo haya hecho, y adoptar algunos principios y prácticas de técnicas más tradicionales. El rol del director del proyecto no cambia en base a la dirección de proyectos mediante el uso de un ciclo de vida predictivo del desarrollo, o la dirección de proyectos en entornos adaptativos. Sin embargo, para tener éxito en el uso de enfoques adaptativos, el director del proyecto deberá familiarizarse con las herramientas y técnicas para comprender cómo aplicarlas de manera eficaz.
Sección 7 **Gestión de los Costos del Proyecto**	Puede que los proyectos con un alto grado de incertidumbre o aquellos en los que el alcance aún no está definido en su totalidad no se beneficien de los cálculos de costos detallados debido a cambios frecuentes. En su lugar, pueden utilizarse métodos de estimación ligera para generar un pronóstico rápido de alto nivel de los costos laborales del proyecto, que luego puede ajustarse fácilmente al surgir los cambios. Las estimaciones detalladas se reservan para horizontes de planificación a corto plazo en una modalidad justo a tiempo. En casos en que los proyectos de alta variabilidad también están sujetos a presupuestos estrictos, el alcance y el cronograma se ajustan con mayor frecuencia para permanecer dentro de las limitaciones de costos.

Área de Conocimiento de la Guía del PMBOK®	Aplicación en un Proceso de Trabajo con Ágil
Sección 8 **Gestión de la Calidad del Proyecto**	Para tratar cambios, los métodos ágiles requieren que frecuentes pasos de calidad y revisión sean incorporados a lo largo del proyecto en lugar de hacia el final del mismo. Las retrospectivas recurrentes controlan periódicamente la efectividad de los procesos de calidad. Buscan la causa raíz de los incidentes, y a continuación sugieren ensayos de nuevos enfoques para mejorar la calidad. Las retrospectivas posteriores evalúan cualesquier procesos de prueba para determinar si están funcionando y se debe continuar con los mismos, si son necesarios nuevos ajustes, o si se deben dejar de utilizar. A fin de facilitar las entregas frecuentes e incrementales, los métodos ágiles se concentran en pequeños lotes de trabajo, incorporando el mayor número de elementos de los entregables del proyecto como sea posible. Los sistemas de lotes pequeños tienen como objetivo descubrir inconsistencias y problemas de calidad tempranamente en el ciclo de vida del proyecto, cuando los costos globales del cambio son más bajos.
Sección 9 **Project Resource Management**	Los proyectos con alta variabilidad se benefician de estructuras de equipo que maximizan el enfoque y la colaboración, tales como equipos auto-organizados con especialistas generalizados. La colaboración es necesaria para aumentar la productividad y facilitar la resolución innovadora de problemas. Los equipos colaborativos pueden facilitar la integración acelerada de diversas actividades laborales, mejorar la comunicación, aumentar el intercambio de conocimientos y proporcionar flexibilidad en las asignaciones de trabajo, además de otras ventajas. Aunque los beneficios de la colaboración también se aplican a otros entornos de proyectos, los equipos colaborativos a menudo son críticos para el éxito de los proyectos con un alto grado de variabilidad y rápidos cambios, porque existe menos tiempo para la asignación de tareas y la toma de decisiones centralizadas. La planificación de los recursos físicos y humanos es mucho menos predecible en los proyectos con alta variabilidad. En estos entornos, los acuerdos para suministro rápido y métodos Lean son críticos para controlar los costos y cumplir con el cronograma.

Área de Conocimiento de la Guía del PMBOK®	Aplicación en un Proceso de Trabajo con Ágil
Sección 10 **Gestión de las Comunicaciones del Proyecto**	Los entornos de proyectos sujetos a diversos elementos de ambigüedad y cambio tienen una necesidad inherente de comunicar detalles cambiantes y emergentes con mayor frecuencia y rapidez. Esto motiva la racionalización del acceso de los miembros del equipo a la información, frecuentes controles del equipo, y la ubicación de los miembros del equipo en el mismo lugar tanto como sea posible. Además, la publicación de los objetos del proyecto de manera transparente y la realización de revisiones periódicas de los interesados están destinadas a promover la comunicación con la dirección y los interesados.
Sección 11 **Gestión de los Riesgos del Proyecto**	Los entornos de alta variabilidad, por definición, incurren en mayores incertidumbre y riesgo. Para hacer frente a esto, los proyectos gestionados mediante enfoques adaptativos hacen uso de frecuentes revisiones de los productos de trabajo incrementales y de los equipos de proyecto multidisciplinarios, a fin de acelerar el intercambio de conocimientos y garantizar que el riesgo sea comprendido y controlado. El riesgo se considera a la hora de seleccionar el contenido de cada iteración, y los riesgos también serán identificados, analizados y gestionados durante cada iteración. Además, los requisitos se mantienen como un documento vivo que se actualiza regularmente, y las prioridades del trabajo se pueden cambiar conforme avanza el proyecto, basándose en una mejor comprensión de la exposición al riesgo actual.

Área de Conocimiento de la Guía del PMBOK®	Aplicación en un Proceso de Trabajo con Ágil
Sección 12 **Gestión de las Adquisiciones del Proyecto**	En entornos ágiles, pueden utilizarse vendedores específicos para ampliar el equipo. Esta relación de trabajo colaborativa puede conducir a un modelo de adquisiciones de riesgo compartido, donde comprador y vendedor comparten el riesgo y las recompensas asociados a un proyecto. Los proyectos más grandes pueden utilizar un enfoque adaptativo para algunos entregables y un enfoque más estable para otras partes. En estos casos, puede utilizarse un acuerdo rector tal como un acuerdo maestro de servicios (MSA) para el compromiso general, y el trabajo adaptativo se coloca en un apéndice o suplemento. Esto permite que ocurran cambios en el alcance adaptativo sin afectar el contrato general.
Sección 13 **Gestión de los Interesados del Proyecto**	Los proyectos que experimentan un alto grado de cambio requieren de la participación activa y el involucramiento de los interesados del proyecto. Para facilitar la discusión y la toma de decisiones oportunas y productivas, los equipos adaptativos interactúan directamente con los interesados, en lugar de hacerlo a través de los distintos niveles gerenciales. A menudo el cliente, el usuario y el desarrollador intercambian información en un proceso dinámico cocreativo que conduce a un mayor involucramiento de los interesados y una mayor satisfacción. Las interacciones periódicas con la comunidad de interesados a lo largo del proyecto mitigan el riesgo, construyen confianza y apoyan los ajustes con mayor antelación en el ciclo del proyecto, reduciendo así los costos y aumentando la probabilidad de éxito del proyecto. A fin de acelerar el intercambio de información dentro y a través de la organización, los métodos ágiles promueven una fuerte transparencia. El propósito de invitar a los interesados a las reuniones y revisiones del proyecto o de publicar objetos del proyecto en espacios públicos es hacer visible lo antes posible cualquier desalineación, dependencia u otro incidente relacionado con el proyecto que experimenta el cambio.

ANEXO A2
CORRESPONDENCIA CON EL MANIFIESTO DE ÁGIL

Este anexo describe cómo están cubiertos los elementos del Manifiesto de Ágil en la *Guía Práctica de Ágil*.

Tabla A2-1. Valores del Manifiesto de Ágil Cubiertos en la *Guía Práctica de Ágil*

Valor	Cobertura de la *Guía Práctica de Ágil* por Sección y por Título
Individuos e interacciones más que procesos y herramientas	4.2 El Liderazgo de Servicio Empodera al Equipo 4.3 Composición del Equipo 5.1 Constituir el Proyecto y el Equipo 5.2.4 Reuniones Diarias de Pie (Daily Standups) 6.2 Cultura de la organización
Software que funcione, más que documentación completa	5.2.2 Preparación de la Lista de Trabajo Pendiente (Backlog) 5.2.3 Perfeccionamiento de la Lista de Trabajo Pendiente (Backlog) 5.2.5 Demostraciones/Revisiones 5.2.7 Prácticas de Ejecución que Ayudan a los Equipos a Entregar Valor
Colaboración con el cliente, más que negociación del contrato	4.3 Composición del Equipo 5.4 Métricas en Proyectos Ágiles 6.2 Cultura de la Organización 6.3 Adquisiciones y Contratos 6.7 Estructura Organizacional
Responder al cambio, más que seguir un plan	5.2.1 Retrospectivas 5.2.3 Perfeccionamiento de la Lista de Trabajo Pendiente (Backlog) 5.2.5 Demostraciones/Revisiones

Tabla A2-2. Correspondencia entre la *Guía Práctica de Ágil* y los Principios detrás del Manifiesto de Ágil

Principio	Cobertura de la Guía Práctica de Ágil
Nuestra máxima prioridad es satisfacer al cliente mediante la entrega temprana y continua de software con valor.	3.1 Características de los Ciclos de Vida del Proyecto 5.2.7 Prácticas de Ejecución que Ayudan a los Equipos a Entregar Valor
Los cambios a los requerimientos son bienvenidos, incluso en etapas avanzadas del desarrollo. Los procesos ágiles aprovechan el cambio para lograr la ventaja competitiva del cliente.	5.2.3 Perfeccionamiento de la Lista de Trabajo Pendiente (Backlog)
Entregar software funcional con frecuencia, desde un par de semanas a un par de meses, con preferencia por la escala de tiempo más corta.	5.2 Prácticas Ágiles Comunes
El negocio y los desarrolladores deben trabajar en conjunto todos los días durante todo el proyecto.	4.2 El Liderazgo de Servicio Empodera al Equipo 5.2.2 Preparación de la Lista de Trabajo Pendiente (Backlog) 5.2.3 Perfeccionamiento de la Lista de Trabajo Pendiente (Backlog)
Construir proyectos alrededor de individuos motivados. Darles el entorno y el apoyo que necesiten, y confiar en ellos para hacer el trabajo.	4.3 Composición del Equipo 5.1 Constituir el Proyecto y el Equipo 5.2.1 Retrospectivas
El método más eficiente y eficaz de transmitir información a un equipo de desarrollo, y dentro de él, es la conversación cara a cara.	4.3.4 Estructuras de Equipo 5.2.4 Reuniones Diarias de Pie (Daily Standups)
El software que funciona es la medida principal del progreso.	5.2.7 Prácticas de Ejecución que Ayudan a los Equipos a Entregar Valor 5.2.8 Cómo las Iteraciones e Incrementos Ayudan a Entregar el Producto Funcional
Los procesos ágiles promueven el desarrollo sostenible. Los patrocinadores, desarrolladores y usuarios deberían poder mantener un ritmo constante en forma indefinida.	5.1 Constituir el Proyecto y el Equipo
La atención continua a la excelencia técnica y el buen diseño mejora la agilidad.	5.2 Prácticas Ágiles Comunes
La simplicidad—el arte de maximizar la cantidad de trabajo no realizado es esencial.	5.2.2 Preparación de la Lista de Trabajo Pendiente (Backlog) 5.2.3 Perfeccionamiento de la Lista de Trabajo Pendiente (Backlog)
Las mejores arquitecturas, requerimientos y diseños surgen de equipos auto-organizados.	4.3 Composición del Equipo
A intervalos regulares, el equipo reflexiona sobre cómo ser más efectivo, para a continuación ajustar y perfeccionar su comportamiento en consecuencia.	5.2.1 Retrospectivas

ANEXO A3
VISIÓN GENERAL DE LOS MARCOS DE REFERENCIA ÁGIL Y LEAN

Este anexo describe algunos de los enfoques ágiles comúnmente utilizados. Estos enfoques pueden utilizarse tal como están o ser combinados para adaptarse a lo que funciona mejor en un entorno o situación determinados. No es necesario utilizar ninguno de estos; se puede desarrollar un enfoque ágil desde cero, siempre y cuando se adhiera a la mentalidad, los valores y los principios del Manifiesto de Ágil. Si se siguen los principios de Ágil para entregar valor a un ritmo sostenible, y el enfoque desarrollado promueve la colaboración con el cliente, no se requiere un enfoque específico. En la sección de Bibliografía de esta guía se encuentra un enlace a información adicional sobre cada enfoque.

A3.1 CRITERIOS DE SELECCIÓN PARA LA *GUÍA PRÁCTICA DE ÁGIL*

Hay demasiados enfoques y técnicas ágiles para que puedan ser incluidos explícitamente en esta guía práctica. La Figura A3-1 representa una muestra de enfoques ágiles basados en su profundidad de orientación y la amplitud de sus ciclos de vida. Los enfoques específicos seleccionados para la discusión son ejemplos populares que están:

◆ **Diseñados para un uso holístico.** Algunos enfoques ágiles están centrados en una sola actividad de proyecto, como la estimación o la reflexión. Los ejemplos enumerados incluyen sólo los marcos de trabajo ágiles más holísticos. Algunos son más completos que otros, pero todos los enfoques seleccionados son aquellos destinados a orientar un amplio conjunto de actividades del proyecto.

◆ **Formalizados para uso común.** Algunos marcos de referencia ágiles son patentados por naturaleza y diseñados para el uso específico por una sola organización o dentro de un contexto único. Los marcos de referencia descritos en las secciones A3.2 a A3.14 se centran en los que están destinados al uso común en una variedad de contextos.

◆ **Populares en el uso moderno.** Algunos marcos de referencia ágiles están holísticamente diseñados y bien formalizados, pero simplemente no se utilizan comúnmente en la mayoría de los proyectos u organizaciones. Los marcos de referencia ágiles descritos en este anexo han sido adoptados por un número significativo de industrias, según lo medido por una recolección de encuestas recientes en el sector.

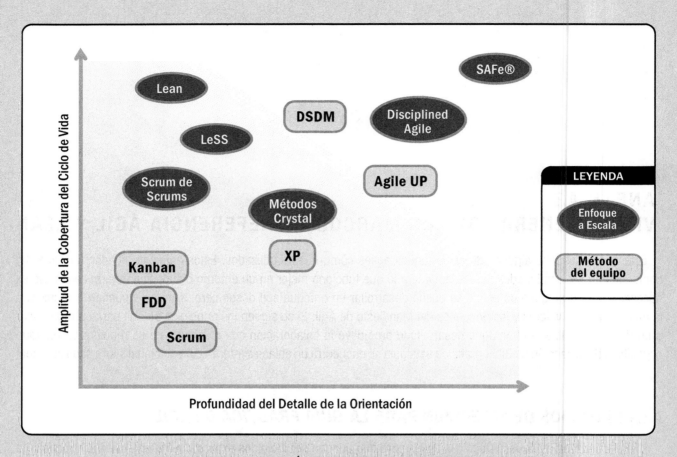

Gráfico A3-1. Enfoques Ágiles Trazados Según Amplitud y Detalle

A3.2 SCRUM

Scrum es un marco de referencia de proceso de equipo único, utilizado para gestionar el desarrollo de productos. El marco de referencia consiste en roles, eventos, objetos y reglas Scrum, y utiliza un enfoque iterativo para entregar productos funcionales. Scrum se ejecuta en períodos de tiempo preestablecidos de 1 mes o menos con duraciones consistentes llamadas sprints, donde se produce un incremento del producto potencialmente lanzable. La Tabla A3-1 enumera eventos y objetos Scrum utilizados para la ejecución de proyectos.

El equipo de Scrum está compuesto del dueño del producto, el equipo de desarrollo y el Scrum Master.

◆ El dueño del producto es el encargado de maximizar el valor del mismo.

◆ El equipo de desarrollo es un equipo multidisciplinario y auto-organizado compuesto por miembros del equipo que tienen todo lo que necesitan dentro del equipo para entregar el producto funcional sin depender de otros fuera del mismo.

◆ El Scrum Master es responsable de asegurar que el proceso de Scrum sea preservado, y trabaja para garantizar que el equipo de Scrum se adhiera a las prácticas y reglas, así como hace coaching al equipo para la eliminación de impedimentos.

Tabla A3-1. Eventos y Objetos Scrum

Eventos	Objetos
Sprint	Trabajo pendiente asociado al producto
Planificación de sprints	Trabajos de sprints pendientes
Scrum diario	Incrementos
Revisión de sprints	
Retrospectivas de sprints	

A3.3 EXTREME PROGRAMMING

eXtreme Programming (XP) es un método de desarrollo de software basado en ciclos frecuentes. El nombre se basa en la filosofía de destilar una determinada mejor práctica hasta su forma más pura y sencilla, y aplicarla continuamente a lo largo de todo el proyecto.

XP es más conocido por popularizar un conjunto holístico de prácticas destinadas a mejorar los resultados de los proyectos de software. El método fue formalizado primero como un conjunto de doce prácticas primarias, pero luego evolucionó gradualmente para adoptar varias otras prácticas resultantes. Estas se enumeran en la Tabla A3-2.

Tabla A3-2. Las Prácticas de eXtreme Programming

Área de práctica XP	Primaria	Secundaria
Organizacional	• Sentarse juntos • Equipo completo • Espacio de trabajo informativo	• Participación real del cliente • Continuidad del equipo • Ritmo constante
Técnica	• Programación en pares • Programación de prueba a priori • Diseño incremental	• Código compartido/propiedad colectiva • Documentación a partir de código y pruebas • Refactorización
Planificación	• Historias de usuarios • Ciclo semanal • Ciclo trimestral • Holgura	• Análisis de causa raíz • Equipos en disminución • Pago por uso • Alcance del contrato negociado • Reuniones diarias de pie (Daily standups)
Integración	• Construcción de 10 minutos • Integración continua • Prueba a priori	• Base de código única • Despliegue incremental • Despliegue diario

Esta evolución fue el resultado de diseñar y adoptar técnicas a través del filtro de los valores fundamentales (comunicación, simplicidad, retroalimentación, valentía, respeto) e informadas por principios clave (humanidad, economía, beneficio mutuo, auto similitud, mejora, diversidad, reflexión, flujo, oportunidad, redundancia, fracaso, calidad, primeros pasos, responsabilidad aceptada).

A3.4 MÉTODO KANBAN

Kanban en la manufactura Lean es un sistema para programar el control y el reaprovisionamiento de inventarios. Este proceso de reabastecimiento de inventario "justo a tiempo" fue observado originalmente en las tiendas de comestibles cuando las estanterías eran reabastecidas basándose en los vacíos en las mismas y no en el inventario de los proveedores. Taiichi Ohno desarrolló el Kanban inspirándose en estos sistemas de inventario justo a tiempo, y fue aplicado en la fábrica principal de Toyota en 1953.

La palabra *kanban* es traducida literalmente como "signo visual" o "tarjeta". Los tableros kanban físicos con tarjetas permiten y promueven la visualización y el flujo del trabajo a través del sistema para que todos lo puedan ver. Este radiador de información (indicador de gran tamaño) está formado por columnas que representan los estados por los que el trabajo tiene que pasar para poder ser realizado. El más sencillo de los tableros podría tener tres columnas (por ejemplo: por hacer, en proceso y completado), pero es adaptable a cualquier estado que el equipo que lo utilice considere necesario.

El Método Kanban es utilizado y resulta aplicable en muchos entornos, y permite un flujo continuo de trabajo y de valor para el cliente. El Método Kanban es menos prescriptivo que algunos enfoques ágiles y por tanto menos disruptivo a la hora de comenzar la implementación, ya que es el método original de "comienza donde estás". Las organizaciones pueden empezar a aplicar los Métodos Kanban con relativa facilidad, y progresar hacia la plena implementación del método si eso es lo que consideran necesario o apropiado.

A diferencia de la mayoría de los enfoques ágiles, el Método Kanban no prescribe el uso de iteraciones en períodos de tiempo preestablecidos. Dentro del Método Kanban se pueden utilizar iteraciones, pero el principio de desplazar continuamente elementos individuales a través del proceso y limitar el trabajo en progreso a fin de optimizar el flujo debería permanecer siempre intacto. El Método Kanban puede utilizarse de mejor forma cuando un equipo u organización necesita las siguientes condiciones:

- ◆ **Flexibilidad.** Por lo general, los equipos no están limitados por los períodos de tiempo preestablecidos trabajarán con el elemento de mayor prioridad en el trabajo pendiente.

- ◆ **Enfoque en la entrega continua.** Los equipos se centran en hacer fluir el trabajo a través del sistema hasta su finalización y no comienzan un nuevo trabajo hasta que no se termina el trabajo en curso.

- ◆ **Aumento en productividad y calidad.** La productividad y la calidad aumentan al limitar el trabajo en curso.

◆ **Mayor eficiencia.** Verificar cada tarea en busca de actividades con o sin valor agregado y eliminar las actividades que no presentan valor agregado.

◆ **Enfoque en los miembros del equipo.** La limitación al trabajo en progreso permite al equipo concentrarse en el trabajo actual.

◆ **Variabilidad en la carga de trabajo.** Cuando hay imprevisibilidad en la forma en que llega el trabajo, y resulta imposible para los equipos hacer compromisos predecibles, incluso por períodos cortos.

◆ **Reducción de residuos.** La transparencia hace que los residuos sean visibles, a fin de poder ser eliminados.

El Método Kanban se deriva de los principios del pensamiento Lean. Los principios determinantes y las propiedades principales del Método Kanban se enumeran en la Tabla A3-3.

El Método Kanban es un marco de referencia holístico para el cambio incremental y evolutivo en los procesos y sistemas para las organizaciones. El método utiliza un "sistema tipo pull" para desplazar el trabajo a través del proceso. Cuando el equipo completa un elemento, el equipo puede hacer pull de un elemento hacia ese paso.

Tabla A3-3. Definición de Principios y Propiedades del Método Kanban

Definición de principios	Propiedades básicas
Iniciar con estado actual	Visualizar el flujo de trabajo
Acordar perseguir un cambio gradual y evolutivo	Limitar el trabajo en curso
Respetar proceso, roles, responsabilidades y títulos actuales	Gestionar el flujo
Fomentar actos de liderazgo en todos los niveles	Hacer explícitas las políticas del proceso
	Implementar ciclos de retroalimentación
	Mejorar colaborativamente

Los tableros kanban, como el que se muestra en el Gráfico A3-2, son una tecnología de bajo nivel técnico y uso frecuente que puede parecer demasiado simplista al principio, pero los que las usan pronto se dan cuenta de su poder. Utilizando políticas para la entrada y salida de las columnas, así como restricciones tales como la limitación del trabajo en curso, los tableros kanban proporcionan una visión clara del flujo de trabajo, los cuellos de botella, los impedimentos y el estado general. Además, el tablero actúa como un radiador de información para cualquiera que lo vea, proporcionando información actualizada sobre el estado del trabajo del equipo.

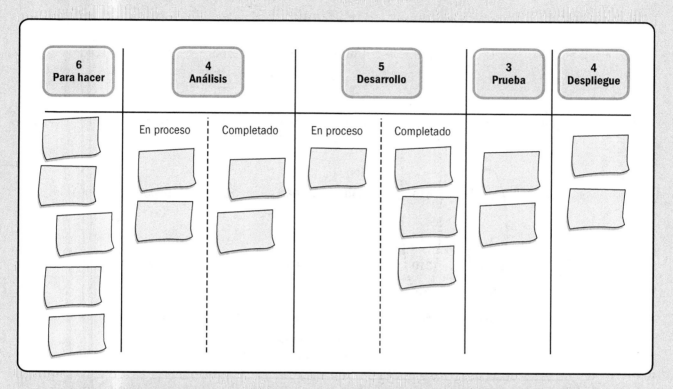

Gráfico A3-2. Tablero Kanban Mostrando el Trabajo en Curso y un Sistema Tipo Pull para Optimizar el Flujo de Trabajo.

En el Método Kanban, es más importante terminar el trabajo que empezar un nuevo trabajo. No hay ningún valor derivado del trabajo que no se haya completado, por lo que el equipo trabaja en conjunto para implementar y adherirse a los límites del trabajo en progreso (WIP) y llevar cada pieza de trabajo a través del sistema hasta que sea "completada".

A3.5 MÉTODOS CRYSTAL

Crystal es una familia de metodologías. Las metodologías Crystal están diseñadas a escala, y proporcionan una selección de rigor metodológico basada en el tamaño del proyecto (número de personas involucradas en el proyecto) y la criticidad del mismo.

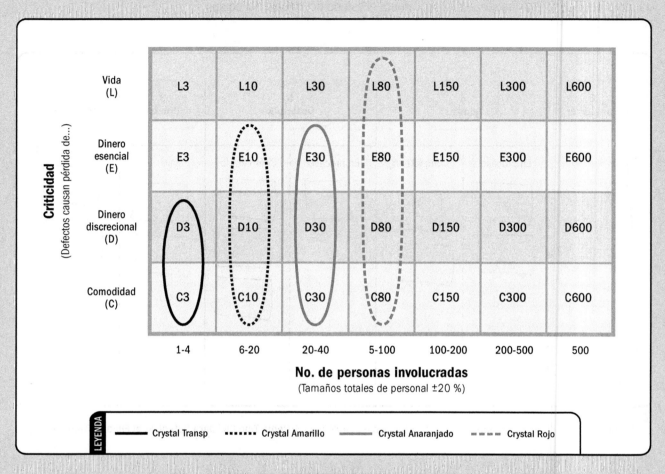

Gráfico A3-3. La Familia de Metodologías Crystal

La metodología Crystal considera que cada proyecto puede requerir un conjunto de políticas, prácticas y procesos ligeramente personalizados para cumplir con las características únicas del proyecto. La familia de metodologías utiliza diferentes colores basados en el "peso" a fin de determinar qué metodología utilizar. El uso de la palabra *crystal* (cristal) proviene de la piedra preciosa donde las diversos "facetas" representan principios y valores fundamentales subyacentes. Las facetas son una representación de las técnicas, herramientas, estándares y roles listados en la Tabla A3-4.

Tabla A3-4. Los Valores Básicos y las Propiedades Comunes de Crystal

Valores Básicos	Propiedades Comunes[A]
Personas	Entregas frecuentes
Interacción	Mejora reflexiva
Comunidad	Comunicación cercana u osmótica
Habilidades	Seguridad personal
Talentos	Enfoque
Comunicaciones	Fácil acceso a usuarios expertos
	Entorno técnico con pruebas automatizadas, gestión de la configuración e integración frecuente

[A]Cuanto más de estas propiedades se encuentren presentes en un proyecto, mayor es la probabilidad de éxito.

A3.6 SCRUMBAN

Scrumban es un enfoque ágil originalmente diseñado como una forma de transición de Scrum a Kanban. A medida que surgieron marcos y metodologías ágiles adicionales, se convirtió en un marco de referencia híbrido y evolutivo en sí mismo, donde los equipos usan Scrum como marco de referencia y Kanban para la mejora de procesos.

En Scrumban, el trabajo está organizado en pequeños "sprints" y aprovecha el uso de tableros kanban para visualizar y monitorear el trabajo. Las historias son colocadas en el tablero kanban y el equipo gestiona su trabajo utilizando los límites de trabajo en curso. Se celebran reuniones diarias para mantener la colaboración entre el equipo y para eliminar los impedimentos. Se establece un desencadenante de planificación para que el equipo sepa cuándo planificar la próxima vez, generalmente cuando el nivel de trabajo en curso resulta inferior a un límite predeterminado. No hay roles predefinidos en Scrumban; el equipo conserva sus roles actuales.

A3.7 DESARROLLO IMPULSADO POR CARACTERÍSTICAS

El Desarrollo impulsado por Características (FDD) fue desarrollado para satisfacer las necesidades específicas de un proyecto de desarrollo de software de gran tamaño. Las características se relacionan con una capacidad pequeña de valor del negocio.

Existen seis roles principales en un proyecto de Desarrollo impulsado por Características, donde los individuos pueden asumir uno o más de los siguientes roles:

◆ Director del proyecto,

◆ Arquitecto jefe,

◆ Director de desarrollo

◆ Programador en jefe,

◆ Dueño de la clase, y/o

◆ Experto en dominios.

Un proyecto de Desarrollo impulsado por Características está organizado en torno a cinco procesos o actividades, que se llevan a cabo de forma iterativa:

◆ Desarrollar un modelo general,

◆ Construir una lista de características,

◆ Planificar por característica,

◆ Diseñar por característica, y

◆ Construir por características.

El flujo del ciclo de vida y la interacción de estos cinco procesos se muestra en el Gráfico A3-4.

Las actividades de Desarrollo impulsado por Características están respaldadas por un conjunto básico de mejores prácticas de ingeniería de software:

◆ Modelado de objetos de dominio

◆ Desarrollo por característica,

◆ Propiedad de clase individual,

◆ Equipos de característica,

◆ Inspecciones,

◆ Gestión de la configuración,

◆ Construcciones periódicas, y

◆ Visibilidad del proceso y los resultados.

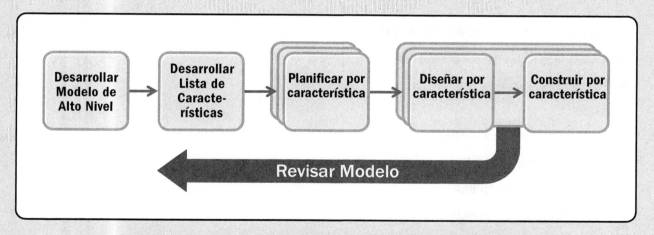

Gráfico A3-4. Ciclo de Vida del Proyecto de Desarrollo Impulsado por Características

A3.8 MÉTODO DE DESARROLLO DE SISTEMAS DINÁMICOS

El Método de Desarrollo de Sistemas Dinámicos (DSDM) es un marco de referencia de entrega ágil de proyectos diseñado inicialmente para agregar más rigor a los métodos iterativos existentes y populares en la década de 1990. Fue desarrollado como una colaboración no comercial entre líderes del sector.

El DSDM se conoce mejor por su énfasis en la entrega impulsada por restricciones. El marco de referencia fijará el costo, la calidad y el tiempo desde el principio, y luego utilizará la priorización formalizada del alcance para cumplir con esas limitaciones, como se muestra en el Gráfico A3-5.

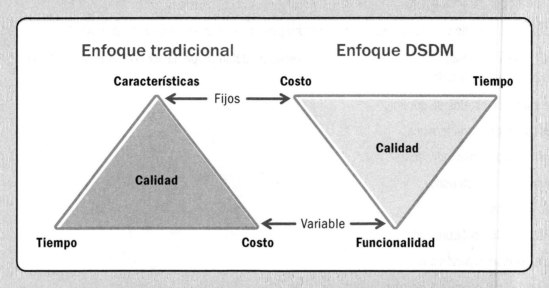

Gráfico A3-5. Enfoque DSDM Sobre la Agilidad Impulsada por Restricciones

Ocho principios orientan el uso del marco de referencia del DSDM:

◆ Concentrarse en las necesidades del negocio.

◆ Entregar a tiempo.

◆ Colaborar.

◆ No comprometer nunca la calidad.

◆ Construir incrementalmente a partir de cimientos firmes.

◆ Desarrollar en forma iterativa.

◆ Comunicar continua y claramente.

◆ Demostrar control (usar técnicas apropiadas).

A3.9 PROCESO UNIFICADO ÁGIL

El Proceso Unificado Ágil (AgileUP) es una ramificación del Proceso Unificado (UP) para proyectos de software. Presenta ciclos más acelerados y procesos menos pesados que su predecesor de Proceso Unificado. La intención es efectuar ciclos más iterativos a través de siete disciplinas clave, e incorporar la retroalimentación asociada antes de la entrega formal. Las disciplinas y los principios rectores se listan en la Tabla A3-5.

Tabla A3-5. Los Elementos Clave del Proceso Unificado Ágil

Disciplinas dentro de un lanzamiento	Principios que orientan las disciplinas
Modelo	El equipo sabe qué está haciendo
Implementación	Simplicidad
Prueba	Agilidad
Despliegue	Concentrarse en actividades de elevado valor
Gestión de la configuración	Independencia de la herramienta
Dirección de proyectos	Adaptando para ajustar
Entorno	Específico de la situación

A3.10 MARCOS DE REFERENCIA PARA ESCALAMIENTO

A3.10.1 SCRUM DE SCRUMS

El Scrum de Scrums (SoS), también conocido como "meta Scrum", es una técnica utilizada cuando dos o más equipos Scrum, que consisten de tres a nueve miembros cada uno, necesitan coordinar su trabajo en lugar de un gran equipo Scrum. Un representante de cada equipo asiste a una reunión con el otro o los otros representantes de equipos, potencialmente a diario, pero normalmente dos o tres veces por semana. La reunión diaria se lleva a cabo de manera similar a la reunión diaria de pie en Scrum, donde el representante informa acerca del trabajo completado, el siguiente conjunto de trabajo, cualquier impedimento actual y los posibles impedimentos futuros que podrían bloquear al(a los) otro(s) equipo(s). El objetivo es asegurar que los equipos coordinen el trabajo y eliminen los impedimentos a fin de optimizar la eficiencia de todos los equipos.

Los proyectos grandes con varios equipos pueden dar lugar a la realización de un Scrum de Scrum de Scrums, que sigue el mismo patrón que el SoS, con un representante de cada SoS respondiendo a un grupo más grande de representantes, como se muestra en el Gráfico A3-6.

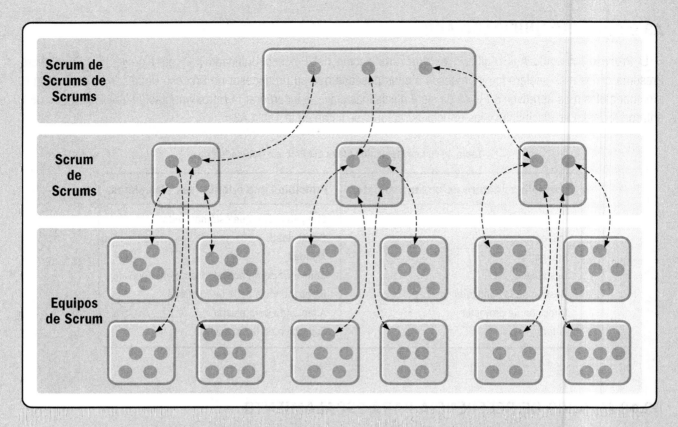

Gráfico A3-6. Representantes de Equipos de Scrum Participando en Equipos SoS

A3.11 SCALED AGILE FRAMEWORK

Scaled Agile Framework (SAFe®) se centra en proporcionar una base de conocimientos de patrones para escalar el trabajo de desarrollo a través de todos los niveles de la empresa.

SAFe® se centra en los siguientes principios:

◆ Tener una visión económica.

◆ Aplicar el pensamiento sistémico.

◆ Asuma la variabilidad; conservar opciones.

◆ Construir incrementalmente con ciclos de aprendizaje rápidos e integrados.

◆ Basar los hitos en la evaluación objetiva de los sistemas funcionales.

- ◆ Visualizar y limitar el trabajo en progreso, reducir el tamaño de los lotes y administrar las longitudes de cola.

- ◆ Aplicar la cadencia; sincronizar con la planificación entre dominios.

- ◆ Liberar la motivación intrínseca de los trabajadores del conocimiento.

- ◆ Descentralizar la toma de decisiones.

SAFe® se enfoca en detallar las prácticas, roles y actividades a nivel de portafolio, programa y equipo, haciendo énfasis en la organización de la empresa alrededor de flujos de valores que se enfocan en proporcionar valor continuo al cliente.

A3.12 LARGE SCALE SCRUM (LeSS)

Large Scale Scrum (LeSS) es un marco de referencia para organizar varios equipos de desarrollo hacia una meta común que amplíe el método Scrum que se muestra en el Gráfico A3-6. El principio básico de la organización es conservar tanto como sea posible los elementos del modelo Scrum convencional de un solo equipo. Esto ayuda a minimizar cualquier extensión del modelo que pudiese crear confusión o complejidad innecesaria. La Tabla A3-6 muestra una comparación entre LeSS y Scrum.

Tabla A3-6. Similitudes de LeSS y Scrum

Similitudes de LeSS y Scrum	Técnicas LeSS añadidas a Scrum
Un solo trabajo pendiente asociado al producto Una definición de terminado para todos los equipos Un incremento de producto potencialmente en condiciones de expedición al final de cada sprint Un dueño del producto Equipo multidisciplinarios y completos Un sprint	La planificación de sprints está dividida más formalmente en dos partes: qué y cómo Coordinación orgánica multidisciplinaria Perfeccionamiento general multidisciplinario Retrospectiva general centrada en las mejoras multidisciplinarias

Con el fin de extender Scrum sin perder su esencia, LeSS promociona el uso de ciertos principios de discernimiento, tales como pensamiento sistémico, enfoque integral en el producto, transparencia y otros.

A3.13 ENTERPRISE SCRUM

Enterprise Scrum es un marco de referencia diseñado para aplicar el método Scrum a un nivel organizacional más holístico, en lugar de un solo esfuerzo de desarrollo de producto. Específicamente, el marco de referencia aconseja a los líderes de las organizaciones que:

◆ Amplíen el uso de Scrum en todos los aspectos de la organización;

◆ Generalicen las técnicas Scrum a aplicar fácilmente en esos diversos aspectos; y

◆ Escalen el método Scrum con técnicas complementarias, según sea necesario.

La intención es utilizar enfoques ágiles más allá de la ejecución del proyecto, al permitir la innovación disruptiva.

A3.14 DISCIPLINED AGILE (DA)

Disciplined Agile (DA) es un marco de referencia para decisión de procesos que integra varias mejores prácticas ágiles en un modelo integral. DA fue diseñado para ofrecer un equilibrio entre los métodos populares que se consideran con un enfoque demasiado estrecho (por ejemplo, Scrum) o demasiados prescriptivos en el detalle (por ejemplo, AgileUP). Para lograr ese equilibrio, combina diversas técnicas ágiles según los siguientes principios:

◆ **Primero las personas.** Enumerar los roles y los elementos organizativos en varios niveles.

◆ **Orientado al aprendizaje.** Fomentar la mejora colaborativa.

◆ **Ciclo de vida de entrega completo.** Promocionar varios ciclos de vida adecuados para cada propósito.

◆ **Impulsado por metas.** Adaptar los procesos a fin de lograr resultados específicos.

◆ **Conciencia empresarial.** Ofrecer orientación sobre la gobernanza interdepartamental.

◆ **Escalable.** Cubrir múltiples dimensiones de la complejidad del programa.

APÉNDICE X1
COLABORADORES Y REVISORES

X1.1 COMITÉ CENTRAL DE LA *GUÍA PRÁCTICA DE ÁGIL*

Las siguientes personas fueron miembros del Comité Central del proyecto responsable de redactar la guía, incluyendo la revisión y decisión sobre las recomendaciones de los revisores.

X1.1.1 EN REPRESENTACIÓN DEL PROJECT MANAGEMENT INSTITUTE:

Mike Griffiths, PMP, PMI-ACP, (Presidente del Comité)
Jesse Fewell, CST, PMI-ACP
Horia Slușanschi, PhD, CSM
Stephen Matola, BA, PMP

X1.1.2 EN REPRESENTACIÓN DE AGILE ALLIANCE:

Johanna Rothman, MS (Vicepresidenta del Comité)
Becky Hartman, PMI-ACP, CSP
Betsy Kauffman, ICP-ACC, PMI-ACP

X1.2 REVISORES EXPERTOS EN LA MATERIA DE LA *GUÍA PRÁCTICA DE ÁGIL*

Se invitó a los siguientes expertos en la materia, quienes revisaron el proyecto y formularon recomendaciones a través de la revisión de los Expertos en la Materia.

Joe Astolfi, PMP, PSM
Maria Cristina Barbero, PMI-ACP, PMP
Michel Biedermann, PhD, PMI-ACP
Zach Bonaker
Robert Bulger, PfMP, CSM
Sue Burk
Shika Carter, PMP, PMI-ACP
Lauren Clark, PMP, CSM
Linda M Cook, CSM, CSPO
Pamela Corbin-Jones, PMI-ACP, CSM
Jeff Covert
Alberto Dominguez, MSc, PMP
Scott P. Duncan, CSM, ICP-ACC
Sally Elatta, PMI-ACP, EBAC
Frank R. Hendriks, PMP, PMI-ACP
Derek Huether
Ron Jeffries
Fred Koos
Philippe B. Kruchten, PhD, PEng
Steve Mayner, SPCT4, PMP
Michael S. McCalla, PMI-ACP, CSP
Don B. McClure, PMP, PMI-ACP
Anthony C. Mersino, PMI-ACP, CSP
Kenneth E. Nidiffer, PhD, PMP
Michael C. Nollet, PMP, PMI-ACP

Laura Paton, MBA, PMP
Yvan Petit, PhD, PMP
Dwayne Phillips, PhD, PMP
Piyush Prakash, PMP, Prince2
Dave Prior, PMP, CST
Daniel Rawsthorne, PhD, PMP
Annette D. Reilly, PMP, PhD
Stephan Reindl, PMI-ACP, PMP
Reed D. Shell, PMP, CSP
Cindy Shelton, PMP, PMI-ACP
Teresa Short
Lisa K. Sieverts, PMP, PMI-ACP
Christopher M. Simonek, PMP, CSM
Robert "Sellers" Smith, PMP, PMI-ACP
Ram Srinivasan, PMP, CST
Chris Stevens, PhD
Karen Strichartz, PMP, PMI-ACP
Rahul Sudame, PMI-ACP
Joanna L. Vahlsing, PMP
Erik L. van Daalen
Annette Vendelbo, PMP, PMI-ACP
Dave Violette, MPM, PMP
Anton Vishnyak, PMI-ACP, CSM
Chuck Walrad, MA, MS

X1.3 GRUPO FOCALIZADO EN EL FORMATO

Las siguientes personas colaboraron el desarrollo de nuevos estilos de contenido y elementos de formateo para la *Guía Práctica de Ágil*.

Goran Banjanin, PgMP, PMP

Andrew Craig

Cătălin-Teodor Dogaru, PhD, PMP

Jorge Espinoza, PMP

Jennifer M. Forrest, CSM, PMP

Helen Fotos, PMP, PMI-ACP

Dave Hatter, PMP, PMI-ACP

Christopher Healy, PMP

Mike Hoffmann, MBA, PMP

Chadi Kahwaji, PMP

Rajaraman Kannan, PMP, MACS CP

Amit Khanna PMP, PMI–ACP

Ariel Kirshbom, PMI-ACP, CSP

Bernardo Marques, PMP

Noura Saad, PMI-ACP, CSPO

Kurt Schuler, PMP

Demetrius L. Williams, MBA, PMP

Liza Wood

Melody Yale, CSP, SPC4

X1.4 GRUPO ASESOR DE MIEMBROS SOBRE LOS ESTÁNDARES PMI (MAG)

Las siguientes personas son miembros del Grupo Asesor de Miembros sobre los Estándares PMI, que proporcionaron dirección y aprobación final a nombre del PMI para la *Guía Práctica de Ágil*.

Maria Cristina Barbero, PMI-ACP, PMP

Brian Grafsgaard, PMP, PgMP

Hagit Landman, PMP, PMI-SP

Yvan Petit PhD, PMP

Chris Stevens, PhD

Dave Violette, MPM, PMP

John Zlockie, MBA, PMP, Director de estándares del PMI

X1.5 JUNTA DE AGILE ALLIANCE®

Las siguientes personas son miembros de la Junta Directiva de Agile Alliance que proporcionaron dirección y aprobación final a nombre de Agile Alliance para la *Guía Práctica de Ágil*.

Juan Banda

Phil Brock (Director General)

Linda Cook

Stephanie Davis

Ellen Grove

Paul Hammond (Presidente)

Victor Hugo Germano

Rebecca Parsons (Secretaria)

Craig Smith

Declan Whelan

X1.6 PMI PERSONAL DE APOYO Y APOYO A LA INVESTIGACIÓN ACADÉMICA

Las siguientes personas trabajaron para prestar soporte al comité central en el desarrollo y aprobación del borrador, en apoyo al Grupo Focalizado en el Formato y en los esfuerzos de mercadeo del PMI.

Melissa M. Abel, Especialista en Comunicaciones de Mercadeo
Karl F. Best, PMP, CStd, Especialista en Estándares
Alicia C. Burke, MBA, CSM, Gerente de Producto, Credenciales
Edivandro C. Conforto, PhD, PMI Consultor en Investigación de Ágil
Dave Garrett, CSPO, Vicepresidente de Transformación
Erica Grenfell, Asistente Administrativa a la VP, Relaciones con la Organización
M. Elaine Lazar, MA, MA, AStd, Especialista de Proyectos
Andrew Levin, PMP, Director del Proyecto
Tim E. Ogline, Diseñador de Experiencia de Usuario
Stephen A. Townsend, Director de Programas de Red
Michael Zarro, PhD, Investigador de Experiencia de Usuario

X1.7 PERSONAL DE PRODUCCIÓN DEL PMI

Donn Greenberg, Gerente, Publicaciones
Kim Shinners, Asociada de Producción de Publicaciones
Roberta Storer, Editora de Productos
Barbara Walsh, Supervisora de Producción de Publicaciones

X1.8 GRUPO DE VOLUNTARIOS DE VERIFICACIÓN DE LA TRADUCCIÓN AL ESPAÑOL

Alberto Dominguez, PMP, PMI-ACP
Jorge Escotto, MIT, PMP, PMI-RMP
Nestor Fidel Jimenez Munares, PMI-ACP
Ileanna M. Lopez Lora, PMP, PMI-ACP, CSM, CSPO

X1.9 MIEMBROS DEL COMITÉ DE VERIFICACIÓN DE LAS TRADUCCIONES

Barbara Walsh, Supervisora de Producción de Publicaciones
Margaret Lyons, Desarrolladora de Exámenes
Stephen Townsend, Director, Network Programs
Vivian Isaak, Presidente, Magnum Group, Inc., Agencia de traducción
Brian Middleton, Gerente de Soluciones Estratégicas, Magnum Group, Inc., Agencia de traducción

APÉNDICE X2
ATRIBUTOS QUE INFLUYEN SOBRE LA ADAPTACIÓN

X2.1 INTRODUCCIÓN

Este apéndice proporciona orientación de alto nivel sobre cuándo y cómo adaptar los enfoques ágiles. Puede ser utilizado para determinar circunstancias que podrían justificar el cambio o la introducción de nuevas técnicas, y a continuación ofrece algunas recomendaciones a tener en cuenta.

X2.2 PRIMERO ALGUNAS PRECAUCIONES

La adaptación es un tema avanzado que debería ser acometido por profesionales experimentados que hayan tenido éxito utilizando enfoques ágiles como se describen originalmente en múltiples entornos, antes de considerar el adaptarlos. En otras palabras, adquirir experiencia y tener éxito con un enfoque antes de intentar adaptarlo.

Una respuesta común cuando se lucha por adoptar una práctica ágil es el considerar si hacerlo o no. Una declaración como "Las retrospectivas no eran populares, así que decidimos eliminarlas" ilustra este incidente e indica un problema más fundamental en el equipo que es poco probable que sea resuelto adaptando el método. La situación empeorará al omitir la actividad retrospectiva que pretende mejorar el proceso.

El modelo Shu-Ha-Ri de adquisición de habilidades describe la progresión desde la obediencia a las reglas (Shu 守, significa obedecer y proteger), a través de un alejamiento consciente de las reglas (Ha 破, significa cambiar o desviar), y finalmente a través de la práctica constante y la mejora se encuentra un camino individual (Ri 離, significa separarse o irse). Necesitamos comenzar y practicar en el nivel Shu antes de que estemos listos para movernos al nivel Ha a fin de adaptar el proceso o al nivel Ri para inventar un nuevo proceso personalizado.

Por último, la adaptación debe llevarse a cabo en colaboración con los compañeros de equipo o con quienquiera en quién el cambio pueda tener un impacto. Las personas necesitan participar en el proceso de pensamiento y toma de decisiones sobre los procesos de cambio para que se comprometan y acepten los cambios, a fin de lograr una transición exitosa. Excluir a personas de la adaptación de un proceso probablemente resulte en resistencia y resentimiento al cambio, aun cuando tenga sentido desde el punto de vista técnico. A menudo, los coaches o líderes experimentados pueden ayudar a involucrar a las personas de manera efectiva.

X2.3 CÓMO USAR ESTE APÉNDICE

Para beneficiarse de la orientación que se enumera en este apéndice, recomendamos primero utilizar exitosamente los enfoques ágiles en la forma como fueron diseñados. A continuación, revisar las pautas de adaptación en la Tabla X2-1 que coinciden con la situación, y leer las recomendaciones asociadas. Luego, discutir el cambio con las personas en las que influirá y acordar un curso de acción.

Como se discutió en la Sección 5, una buena manera de evaluar un cambio es primero ensayarlo para una iteración o dos antes de adoptarlo permanentemente. O bien, considerar un enfoque basado en el flujo para tratar de ofrecer varias características. Luego, reflexionar con una retrospectiva y volver a evaluar.

Cuando las personas saben que pueden experimentar y proporcionar retroalimentación sobre el experimento, es más probable que prueben algo nuevo. Después de haberlo probado durante un período preestablecido, el equipo debería revisar su efectividad en una retrospectiva para determinar si deberá continuar como está, ser modificada para mejorarlo o dejar de usarlo.

Por último, los enfoques adaptados y adoptados con éxito se pueden institucionalizar en los procesos estándar utilizados para los proyectos que comparten estas características. También se recomienda seguir las pautas de la Sección 5 que describen la adopción (o adaptación) de nuevos enfoques.

X2.4 RECOMENDACIONES PARA LA ADAPTACIÓN

A continuación se incluyen algunas buenas prácticas a considerar antes de adaptar un enfoque.

X2.4.1 TENER CUIDADO DE NO ELIMINAR COSAS

Muchas de las prácticas ágiles se comportan como parejas autosuficientes. Por ejemplo, la co-ubicación y las conversaciones de negocios frecuentes permiten requisitos de menor importancia, ya que los vacíos en la comprensión se pueden llenar rápidamente. Del mismo modo, la prueba despiadada de XP permite una refactorización valiente, ya que una práctica soporta a la otra. Eliminar algo sin comprender o abordar su práctica contrarrestada probablemente creará más problemas que los que resuelva.

X2.4.2 UTILIZAR LA TABLA DE PAUTAS PARA ADAPTACIÓN

Usando la Tabla X2-1, encontrar las circunstancias que coinciden con una situación dada y tomar en cuenta las recomendaciones para la adaptación. Discutir cualquier cambio con aquellos que se verán afectados por el mismo y planificar primero un ensayo breve, junto con una revisión honesta de seguimiento antes de comprometerse con el cambio.

Tabla X2-1. Pautas para Adaptación

Situación	Recomendación para Adaptación
Equipos de proyecto muy grandes	Reestructurar los proyectos grandes como múltiples proyectos pequeños. Probar primero un proyecto de prueba de tecnología y luego un proyecto de implementación.
	Considerar lanzamientos más frecuentes de menos características cada uno, lo que permite la creación de equipos de proyecto más pequeños.
	Considerar la posibilidad de reducir el equipo a sus miembros principales esenciales. A menudo demasiadas personas obstaculizan un proceso, y no lo ayudan. Reducir el tamaño de un equipo puede reducir tanto la rotación como los costos.
	Dividir a los equipos grandes en múltiples equipos pequeños y utilizar la dirección del programa para sincronizar y coordinar.
	Utilizar una dirección del programa ágil y Lean para organizar el mayor esfuerzo.
	Considerar un marco de referencia ágil o Lean a escala, tal como DA, SAFe® o LeSS. Cada uno ofrece algunas ideas útiles, y cada uno conlleva riesgos de implementación y peso/costo del proceso.

Situación	Recomendación para Adaptación
Equipos dispersos	Muchos proyectos tienen dispersos (algunos) miembros del equipo. Herramientas como la mensajería instantánea, las videoconferencias y los tableros electrónicos para equipos ayudan a cubrir muchas de las brechas de comunicación. Cuando es probable que los equipos permanezcan estables, organizar reuniones cara a cara lo antes posible a fin de que las futuras conversaciones remotas sean más eficaces. Las personas que se han conocido cara a cara tienen más probabilidades de entrar en un debate sin filtros debido a la mayor confianza. Cuando se lleven a cabo reuniones con participantes remotos en las que haya una pérdida de indicaciones faciales y corporales, tener en cuenta los registros por turno (round-robin) para garantizar la participación y comprobar el consenso de las decisiones. También considerar el uso de enfoques ágiles basados en iteraciones. Cuando los miembros del equipo estén separados en muchas zonas horarias, considerar utilizar las interacciones de todo el proyecto con menos frecuencia, al tiempo que fomentar reuniones más personales (dos o tres personas a la vez), con más frecuencia.
Algunos productos críticos para la seguridad pueden requerir documentación adicional y comprobaciones de conformidad más allá de lo que sugieren los procesos ágiles de modo inmediato.	Los enfoques ágiles todavía se pueden utilizar en estos entornos, pero necesitan tener las capas adicionales apropiadas de revisión de conformidad, documentación y certificación que requiere el dominio. Las características no se pueden finalizar hasta que la documentación esté completa. Las funciones no se pueden finalizar hasta que la documentación esté completa. Considerar la posibilidad de utilizar un enfoque híbrido (múltiples enfoques ágiles) con el fin de obtener los beneficios de una mejor colaboración y comunicación aportada por Ágil, con el rigor adicional que requiere el entorno del producto. Los desarrolladores de sistemas de vuelo de aeronaves y las compañías farmacéuticas utilizan enfoques ágiles junto con sus propios procesos adicionales, a fin de aprovechar los beneficios y mantener los controles apropiados.
Requisitos estables y proceso de ejecución	¿Es Ágil realmente necesario? Si la incertidumbre en los requisitos es baja, existen índices de cambio bajos o un riesgo mínimo de ejecución, puede que no sea necesario el conjunto completo de enfoques ágiles. Mientras que cualquier proyecto se beneficia de una mayor colaboración y transparencia, algunos de los ciclos iterativos de construcción y revisión podrían ser exagerados. Si los ciclos de construcción y retroalimentación no revelan o refinan los requisitos de manera rutinaria, considerar extender sus duraciones para minimizar el impacto de costo del tiempo de revisión. Si el proyecto tiene altos índices de cambio durante el diseño y desarrollo, pero su despliegue a los clientes es un proceso definido y repetible, pueden tener más sentido los enfoques híbridos que utilizan el modelo de ciclo de vida apropiado para cada fase del proyecto.
Los equipos están en silos funcionales dentro de las organizaciones funcionales	Ágil se basa en la idea de equipos multidisciplinarios. Considerar pedirle a las personas que creen equipos multidisciplinarios ellos mismos, sin involucrar a la gerencia y ver qué sucede. Si el sistema de compensación está organizado para reconocer y recompensar áreas funcionales, tomar en consideración primero cambiar eso. Es posible que las personas no actúen en el interés del producto o del equipo hasta que su compensación se vea afectada de alguna manera.

Situación	Recomendación para Adaptación
La transparencia puede causar temor	Ágil crea una cultura de transparencia: las personas muestran y comparten su trabajo a lo largo del desarrollo. Este compartir los resultados intermedios y ser abierto y honesto sobre los éxitos, los fracasos y el estado actual es transparencia. La transparencia requiere valentía. Liderar con el ejemplo y demostrar transparencia en los procesos de toma de decisiones mediante el uso de un tablero de estado o pizarra.
Muchos de los miembros del equipo tienen poco conocimiento técnico del dominio.	Los enfoques ágiles alientan y hacen uso de equipos auto dirigidos a fin de tomar decisiones locales sobre los elementos de trabajo, tales como la secuenciación de tareas y qué enfoque utilizar para resolver un problema. Cuando la mayoría de los miembros del equipo no tienen experiencia, los enfoques basados en el consenso pueden ocasionar problemas y retrabajo. Por lo tanto, para estos equipos la ayuda adicional "asignando" y "dirigiendo" puede resultar necesaria hasta que el equipo adquiera las habilidades necesarias. En otras palabras, no limitarse a declarar que será utilizado Ágil y a dejar que un equipo inexperto intente resolverlo todo porque están capacitados y se dirigen ellos mismos. Considere la posibilidad de crear centros de competencias a fin de ayudar a proporcionar orientación y desarrollar conocimiento del dominio.
Falta de aceptación por parte de los ejecutivos	Cuando falta la aceptación de los ejecutivos, los equipos experimentarán un choque entre la mentalidad y los enfoques ágiles y la mentalidad y los enfoques más predictivos. Encontrar puntos en común, áreas para mejorar basadas en las necesidades de la organización, y luego utilizar experimentos y retrospectivas para progresar. Considerar educación/capacitación para los ejecutivos. Considerar la posibilidad de explicar Ágil en términos de pensamiento Lean: ciclos cortos, lotes de pequeño tamaño, revisiones frecuentes y retrospectivas con pequeñas mejoras.
Los términos y el lenguaje de Ágil no encajan en la cultura organizacional	Modificar los términos para que las personas entiendan y acepten las actividades, aunque no sea el lenguaje de Ágil. Ser específico acerca de lo que significa cada término. Por ejemplo, si la organización considera que la palabra "juego" es poco profesional, no usar términos como "juego de planificación". En su lugar, considerar usar el término "taller de planificación".

APÉNDICE X3
HERRAMIENTAS DE FILTROS DE IDONEIDAD PARA ÁGIL

X3.1 INTRODUCCIÓN

La literatura de Ágil contiene muchas herramientas de filtros de idoneidad de Ágil a fin de ayudar a evaluar en qué circunstancias es apropiado utilizar un enfoque ágil. En 1994, el Método de Desarrollo de Sistemas Dinámicos (DSDM, por sus siglas en inglés) desarrolló un Cuestionario de Idoneidad para Proyectos Ágiles y un Cuestionario de Idoneidad Organizacional con el fin de ayudar a medir las áreas probables ajustadas y con problemas potenciales.

La familia de enfoques Crystal también empleó criterios de idoneidad, clasificando los proyectos por tamaño del equipo y la criticidad del producto o servicio que se esté desarrollando. Crystal recomienda que los proyectos más pequeños y menos críticos sean llevados a cabo con controles más ligeros y enfoques más sencillos. Se recomendó que los proyectos grandes, de misión crítica o críticos para la vida usaran más rigor y validación.

Desde el desarrollo de estos enfoques, han sido creados muchos más modelos para ayudar a determinar dónde y cuándo emplear enfoques ágiles. Boehm y Turner adoptaron algunos de los elementos de DSDM y Crystal para desarrollar un modelo de evaluación popular, que ayudara a determinar si los proyectos deberían emprenderse con enfoques ágiles o con más tradicionales.

Se propone el siguiente modelo sobre la base de estos modelos anteriores y ampliados con el fin de considerar el punto medio de los enfoques híbridos. Representa una síntesis de varios atributos del filtro de idoneidad a fin de ayudar a las organizaciones a evaluar y discutir si los proyectos deberían emprenderse utilizando enfoques predictivos, híbridos o ágiles.

X3.2 VISTA GENERAL DEL MODELO

Los atributos organizativos y de proyecto son evaluados de acuerdo con tres categorías principales:

◆ **Cultura.** ¿Existe un ambiente favorable con aceptación del enfoque y confianza en el equipo?

◆ **Equipo.** ¿Es el equipo de un tamaño adecuado para tener éxito en la adopción de Ágil, sus miembros tienen la experiencia necesaria y el acceso a los representantes del negocio a fin de tener éxito?

◆ **Proyecto.** ¿Existen altos índices de cambio? ¿Es posible la entrega incremental? ¿Qué tan crítico es el proyecto?

Se contestan las preguntas en cada una de estas categorías y los resultados son trazados en una gráfica de radar. Los grupos de valores alrededor del centro de la gráfica indican un buen ajuste para los enfoques ágiles. Los resultados alrededor del exterior indican que un enfoque predictivo puede ser más adecuado. Los valores en la porción media (entre ágil y predictivo) indican que un enfoque híbrido podría funcionar bien. El Gráfico X3-1 muestra un ejemplo.

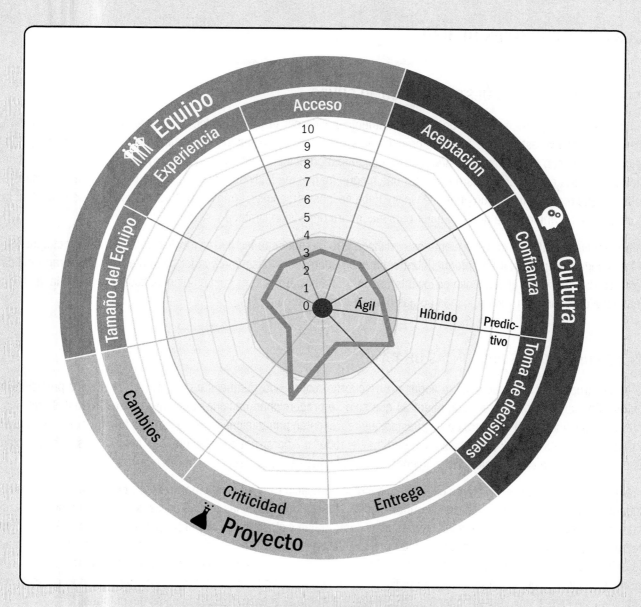

Gráfico X3-1. Modelo para la Idoneidad del Enfoque Ágil

X3.3 INSTRUCCIONES DE USO

X3.3.1 COMPLETAR EL CUESTIONARIO COMO GRUPO

Para proyectos pequeños, este grupo sencillamente puede ser el patrocinador, el líder técnico y un cliente. Para proyectos grandes, esto puede incluir representantes del grupo patrocinador, del equipo de ejecución del proyecto, del(de los) grupo(s) empresarial(es) afectado(s), del(de los) grupo(s) de gobernanza del proyecto y de la comunidad de clientes. La idea es que de la misma manera que ningún interesado individual debería estimar o planificar un proyecto debido a que representa solo un punto de vista y tiene sesgos personales, tampoco una sola persona debería evaluar la idoneidad de un enfoque, ya que cualquier persona tendrá una visión limitada y sesgada.

En cambio, el valor de la herramienta es el diálogo que fomenta con las partes involucradas en el proyecto. Incluso si los resultados apuntan a un enfoque híbrido, pero los interesados desean proceder con un enfoque en gran medida ágil o predictivo, seguir el consenso de los interesados. Esta herramienta es sólo un diagnóstico a alto nivel; la decisión final debe descansar en y ser apoyada por las personas involucradas.

X3.3.2 PUNTUAR LAS PREGUNTAS DE 1 A 10

Como grupo, discutir y acordar (o llegar a un acuerdo) sobre una puntuación que refleje con mayor precisión la evaluación subjetiva de la pregunta. Mientras que sólo se proporcionan opciones definitivas para los puntos iniciales, intermedios y finales del espectro de respuestas que representan puntuaciones de 1, 5 y 10, es bueno (y deseable) usar puntuaciones tales como 2 para "casi un 1, pero no del todo" o 7 para "entre un 5 y un 10". Una vez más, la evaluación es una herramienta de discusión: las opiniones serán subjetivas y cabrá esperar matices intermedios.

Cuando el grupo no pueda llegar a un acuerdo sobre la puntuación, discutir los temas abierta y honestamente. Antes de sugerir compromisos (es decir, utilizando puntuaciones medias o marcando las puntuaciones de la PMO con una "X" azul y del equipo de desarrollo con una "O" verde), considerar ¿cuán exitoso podría ser el proyecto cuando los participantes no pueden ponerse de acuerdo para completar una evaluación sencilla? Cuando se discuten los temas, si las diferencias de opinión pueden ser identificadas entonces va bien, está funcionando; ahora hay que llegar a un acuerdo. Del mismo modo, si la evaluación indica un enfoque predictivo pero todo el mundo quiere probar un enfoque ágil (o viceversa) eso también está bien, basta con entender los temas y discutir cómo se manejarán los impactos del enfoque.

X3.3.3 INTERPRETAR LOS RESULTADOS

Marcar las respuestas a las preguntas en un gráfico de evaluación de idoneidad en blanco y conectar los puntos. Los resultados agrupados alrededor del centro en la zona ágil índican un buen ajuste para un enfoque puramente ágil.

Los resultados predominantemente en la zona híbrida indican que una combinación de enfoques ágiles y predictivos podría funcionar mejor. Sin embargo, es posible también que sea suficiente un enfoque ágil con algunas medidas adicionales de reducción del riesgo, tales como educación y formación adicionales o un rigor adicional en la validación y documentación en el caso de proyectos de alta criticidad. Alternativamente, un enfoque predictivo con algún trabajo de prueba de concepto o con procesos adicionales también podría funcionar.

Los resultados agrupados predominantemente en la zona predictiva indican un buen ajuste para un enfoque puramente predictivo. Como se mencionó en la Sección X3.3.2 (Puntuar las Preguntas), esta herramienta de diagnóstico tiene como objetivo iniciar conversaciones significativas con las partes afectadas sobre el enfoque más apropiado a utilizar. Si el enfoque sugerido por la herramienta no es aceptable, se permite utilizar un enfoque diferente. Utilizar los resultados como entradas para el proceso de gestión de los riesgos, ya que la herramienta indica desajustes que será necesario manejar.

X3.4 PREGUNTAS DEL FILTRO DE IDONEIDAD

X3.4.1 CATEGORÍA: CULTURA

X3.4.1.1 ACEPTACIÓN DEL ENFOQUE

¿Existe un patrocinador sénior que entienda y apoye el uso de un enfoque ágil para este proyecto? Véase Gráfico X3-2.

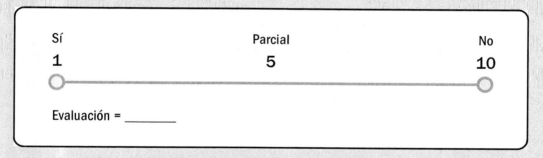

Gráfico X3-2. Evaluación de la Aceptación del Enfoque

X3.4.1.2 CONFIANZA EN EL EQUIPO

Tomando en cuenta los patrocinadores y los representantes del negocio que trabajarán con el equipo. ¿Tienen estos interesados la confianza en que el equipo puede transformar su visión y necesidades en un producto o servicio exitoso, con apoyo y retroalimentación continuos en ambas direcciones? Véase Gráfico X3-3.

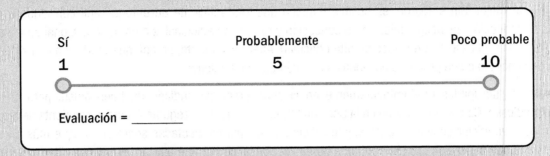

Gráfico X3-3. Evaluación de la Confianza en el Equipo

X3.4.1.3 PODERES DEL EQUIPO PARA LA TOMA DE DECISIONES

¿Se le dará autonomía al equipo para tomar sus propias decisiones locales sobre cómo emprender el trabajo? Véase Gráfico X3-4.

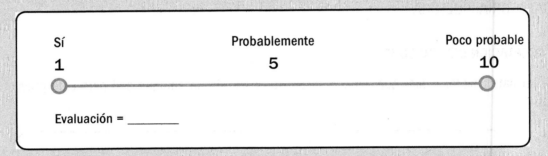

Gráfico X3-4. Evaluación de los Poderes del Equipo para la Toma de Decisiones

X3.4.2 CATEGORÍA: EQUIPO

X3.4.2.1 TAMAÑO DEL EQUIPO

¿Cuál es el tamaño del equipo principal? Usar esta escala: 1-9 = 1, 10-20 = 2, 21-30 = 3, 31-45 = 4, 46-60 = 5, 61-80 = 6, 81-110 = 7, 111-150 = 8, 151 – 200 = 9, 201+ = 10. Véase Gráfico X3-5.

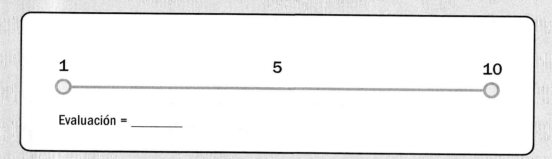

Gráfico X3-5. Evaluación del Tamaño del Equipo

X3.4.2.2 NIVELES DE EXPERIENCIA

Considerar los niveles de experiencia y habilidades de los roles del equipo principal. Aunque es normal tener una mezcla de personas experimentadas e inexpertas en los roles, para que los proyectos ágiles funcionen sin problemas es más fácil cuando cada rol tiene al menos un miembro experimentado. Véase Gráfico X3-6.

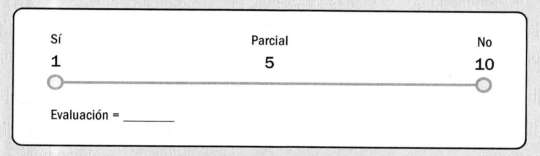

Gráfico X3-6. Evaluación del Nivel de Experiencia

X3.4.2.3 ACCESO AL CLIENTE/NEGOCIO

¿Tendrá el equipo acceso diario a por lo menos un representante del negocio/del cliente con el fin de hacer preguntas y obtener retroalimentación? Véase Gráfico X3-7.

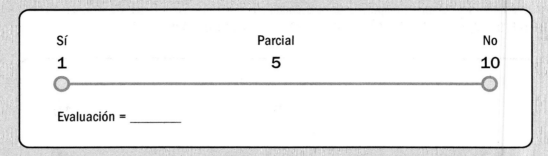

Gráfico X3-7. Evaluación para el Acceso al Cliente/Negocio

X3.4.3 CATEGORÍA: PROYECTO

X3.4.3.1 PROBABILIDAD DE CAMBIO

¿Qué porcentaje de requisitos podrían cambiar o ser descubiertos mensualmente? Véase Gráfico X3-8.

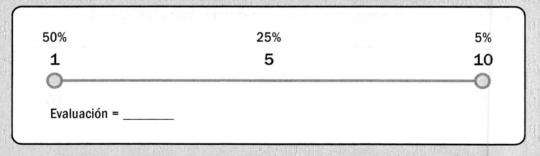

Gráfico X3-8. Evaluación de la Probabilidad de Cambio

X3.4.3.2 CRITICIDAD DEL PRODUCTO O SERVICIO

Para ayudar a determinar los niveles probables de rigor adicional para verificación y documentación que puedan requerirse, evaluar la criticidad del producto o servicio que se está construyendo. Utilizando una evaluación que considere pérdidas debida al posible impacto de los defectos, determinar que podría ocasionar una falla. Véase Gráfico X3-9.

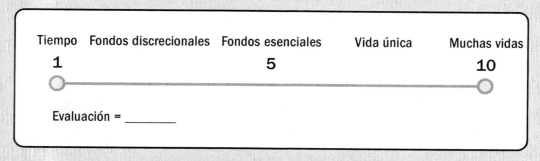

Gráfico X3-9. Evaluación para la Criticidad del Producto o Servicio

X3.4.3.3 ENTREGA INCREMENTAL

¿Se puede construir y evaluar el producto o servicio en porciones? Además, ¿estarán disponibles los representantes de la empresa o del cliente para proporcionar retroalimentación oportuna sobre los incrementos entregados? Véase Gráfico X3-10.

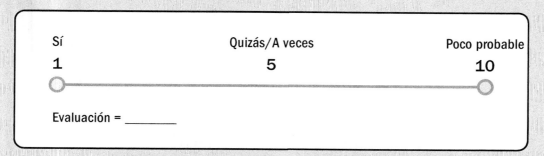

Gráfico X3-10. Evaluación de la Entrega Incremental

X3.5 GRÁFICA DE EVALUACIÓN DE IDONEIDAD

El Gráfico X3-11 es la gráfica de radar utilizada para la evaluación de idoneidad.

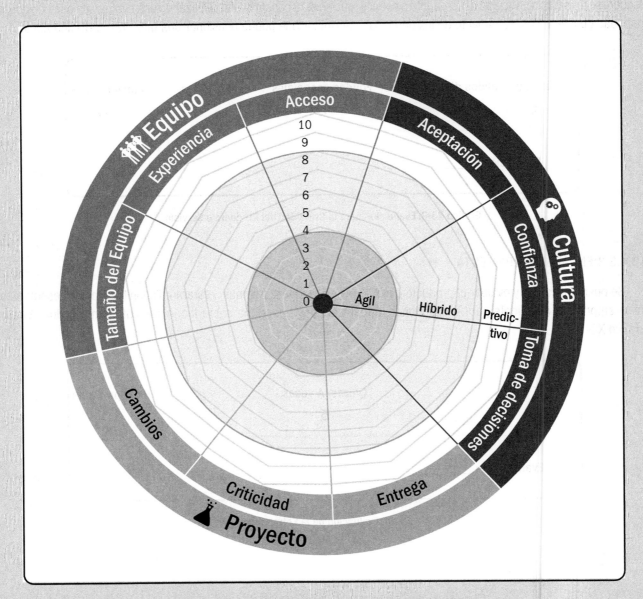

Gráfico X3-11. Gráfica de Radar para la Evaluación de Idoneidad

X3.5.1 CASOS DE ESTUDIO

Para ilustrar cómo funciona la gráfica de radar aquí hay dos ejemplos sobre cómo usar el modelo para puntuar proyectos muy diferentes. El primero es un ejemplo de un proyecto de una farmacia en línea (ver Gráfico X3-12) y el segundo (Gráfico X3-13) es un ejemplo de un sistema de mensajería militar. Estos dos casos de estudio ilustran algunas de las variaciones observadas en los proyectos. El agrupamiento en el centro indica un buen ajuste para los enfoques ágiles, las puntuaciones periféricas indican que los enfoques predictivos podrían ser más adecuados. Algunos proyectos se centran en la mitad, pero luego surgen de repente sobre uno o dos ejes. Estos proyectos pueden resolverse mejor con un enfoque híbrido.

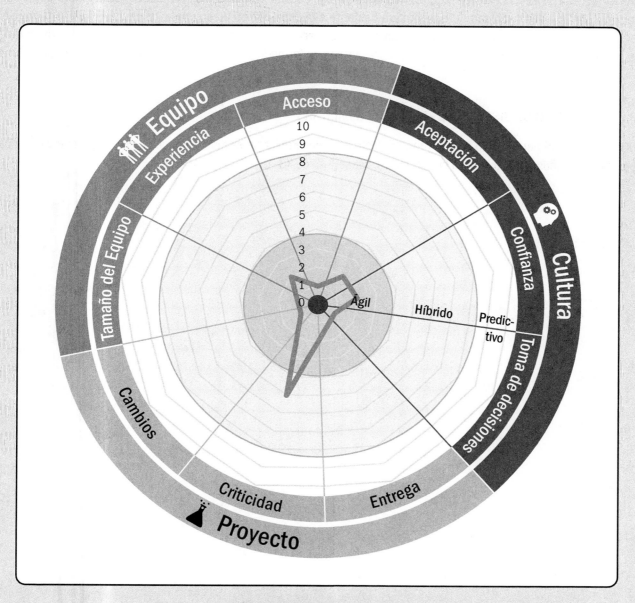

Gráfico X3-12. Proyecto de Farmacia

X3.5.1.1 EJEMPLO DE FARMACIA

El proyecto consistía en desarrollar una farmacia en línea para vender medicamentos recetados canadienses más baratos a clientes estadounidenses (principalmente). La venta de estos medicamentos es un tema polémico en Canadá y en los Estados Unidos y, como resultado, el sector se caracteriza por rápidos cambios regulatorios y una feroz competencia. El proyecto enfrentaba requisitos extremadamente volátiles, con cambios importantes semana tras semana. Utilizó iteraciones muy cortas (2 días) y lanzamientos semanales con el fin de abordar los altos índices de cambio.

Como se muestra en el Gráfico X3-12, los altos niveles de aceptación y confianza son evidentes para aquellos que trabajaron de una manera empoderada. La naturaleza visual del sitio web hizo fácil el mostrar nuevos incrementos de funcionalidad, pero la criticidad del sistema era bastante alta poniendo en juego fondos esenciales para la farmacia. Como se mencionó anteriormente, los índices de cambio eran muy altos, pero el reducido equipo experimentado los manejó bien y tuvo fácil acceso a un representante informado de la empresa. El enfoque fue muy exitoso y extremadamente ágil.

X3.5.1.2 EJEMPLO DE SISTEMA DE MENSAJERÍA MILITAR

Comparar el primer ejemplo con un gran proyecto para desarrollar un sistema de mensajería militar que ya llevaba funcionando 5 años cuando se hizo la evaluación. Véase Gráfico X3-13.

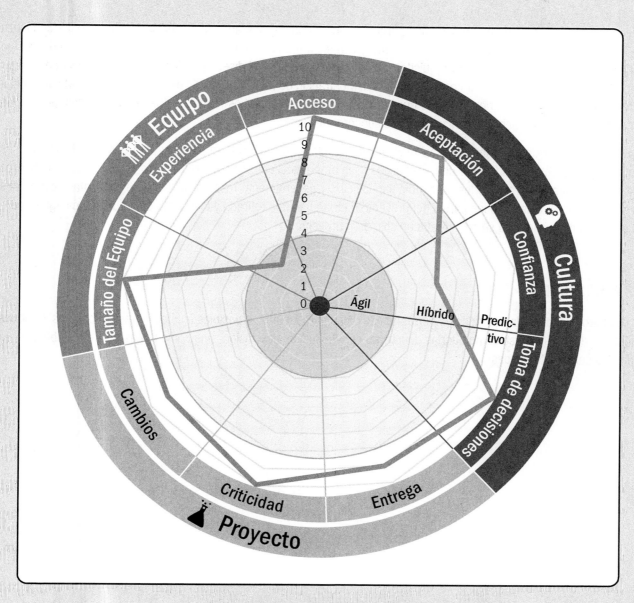

Gráfico X3-13. Ejemplo de Mensajería Militar

Faltaba la aceptación de un enfoque ágil porque no se estaba considerando la posibilidad del mismo. La confianza en los proveedores era mixta, pero generalmente se respetaba. La toma de decisiones no era local, sino que fue hecha por comités de arquitectura y requisitos. Aunque los elementos del diseño podrían probarse gradualmente en un laboratorio, no se pudieron reunir con el fin de una demostración de funcionalidad de extremo a extremo. Muchas vidas potencialmente estaban en riesgo, por lo que la criticidad era muy alta. Los requisitos fueron bloqueados, porque los cambios afectaban a muchas organizaciones de subcontratistas.

El proyecto era de gran tamaño con más de 300 personas de un solo proveedor, pero cada rol tenía muchos profesionales experimentados. Por último, el acceso a la empresa/cliente no era posible, pero los analistas de contratos estaban disponibles para hacerles preguntas específicas, y generalmente respondían o hacían preguntas aclaratorias en un plazo de 10 días. Algunas partes del proyecto podrían haberse retirado y ejecutado como proyectos ágiles, pero en el núcleo de la iniciativa se encontraba un solo gran proyecto.

X3.6 RESUMEN

Los filtros de idoneidad de Ágil son herramientas útiles para identificar posibles ajustes y brechas para los enfoques ágiles. No deben utilizarse como puertas definitivas para inclusión o exclusión, sino como temas de debate objetivo con todas las partes interesadas.

REFERENCIAS

[1] *Manifiesto para el Desarrollo Ágil de Software.* (2001). Extraído de http://agilemanifesto.org/

[2] Project Management Institute. 2013. *Gestión del Cambio en las Organizaciones: Guía Práctica.* Newtown Square, PA: Autor.

[3] Project Management Institute. 2017. *Guía de los Fundamentos para la Dirección de Proyectos (Guía del PMBOK®)* – Sexta Edición. Newtown Square, PA: Autor.

[4] Project Management Institute. 2013. *Extensión de software a la Guía del PMBOK® Quinta Edición.* Newtown Square, PA: Autor.

BIBLIOGRAFÍA

A continuación se sugiere material de lectura adicional, subdividido por sección y/o tópico:

SECCIÓN 2—UNA INTRODUCCIÓN A ÁGIL

*Briggs, Sara. "Agile Based Learning: What Is It and How Can It Change Education?" *Opencolleges.edu.au* 22 de febrero de 2014, extraído de http://www.opencolleges.edu.au/informed/features/agile-based-learning-what-is-it-and-how-can-it-change-education/

Manifesto for Agile Software Development, 2001, http://agilemanifesto.org/.

Peha, Steve. "Agile Schools: How Technology Saves Education (Just Not the Way We Thought it Would)." InfoQ. 28 de junio de 2011, extraído de https://www.infoq.com/articles/agile-schools-education.

Principles behind the Agile Manifesto, 2001, http://agilemanifesto.org/principles.html.

Rothman, Johanna. 2007. *Manage It! Your Guide to Modern, Pragmatic Project Management.* Raleigh: Pragmatic Bookshelf.

Sidky, Ahmed (Keynote). 2015. https://www.slideshare.net/AgileNZ/ahmed-sidky-keynote-agilenz.

Stacey Complexity Model. 2016. http://www.scrum-tips.com/2016/02/17/stacey-complexity-model/.

SECCIÓN 3—SELECCIÓN DEL CICLO DE VIDA

"Agile Modeling (AM) Home Page: Effective Practices for Modeling and Documentation," *Agile Modeling*, (n.d.), http://www.agilemodeling.com/

Anderson, David, and Andy Carmichael. 2016. *Essential Kanban Condensed.* Seattle: Blue Hole Press.

Anderson, David. 2010. *Kanban: Successful Evolutionary Change for Your Technology Business.* Seattle: Blue Hole Press.

Benson, Jim, and Tonianne DeMaria Barry. 2011. *Personal Kanban: Mapping Work | Navigating Life.* Seattle: Modus Cooperandi Press.

Burrows, Mike. 2014. *Kanban from the Inside: Understand the Kanban Method, connect it to what you already know, introduce it with impact.* Seattle: Blue Hole Press.

Domain Driven Design Community. 2016. http://dddcommunity.org/.

Gothelf, Jeff, and Josh Seiden. 2016. *Lean UX: Designing Great Products with Agile Teams.* Sebastopol: O'Reilly Media.

Hammarberg, Marcus, and Joakim Sunden. 2014. *Kanban in Action.* Shelter Island: Manning Publications.

"Kanban," *Wikipedia*, última modificación 4 de mayo de 2017, extraído el 22 de noviembre de 2016 de https://en.wikipedia.org/wiki/Kanban.

"Kanban *(development)*," Wikipedia, última modificación 4 de mayo de 2017, extraído el 29 de noviembre de 2016 de https://en.wikipedia.org/wiki/Kanban_(development).

Larsen, Diana, and Ainsley Nies. 2016. *Liftoff: Start and Sustain Successful Agile Teams.* Raleigh: Pragmatic Bookshelf.

"Learning Kanban," *Leankit*, (n.d.), https://leankit.com/learn/learning-kanban/.

Leopold, Klaus, and Siegrfried Kaltenecker. 2015. *Kanban Change Leadership: Creating a Culture of Continuous Improvement.* Hoboken: Wiley.

"Make a big impact with software products and projects!" *Impact Mapping*, (n.d.), https://www.impactmapping.org/.

Patton, Jeff, and Peter Economy. 2014. *User Story Mapping: Discover the Whole Story, Build the Right Product.* Sebastopol: O'Reilly Media.

Reinertsen, Donald. 2009. *The Principles of Product Development Flow: Second Generation Lean Product Development.* Redondo Beach: Celeritas Publishing.

Rothman, Johanna. "Dispersed vs. Distributed Teams," *Rothman Consulting Group*, Inc., 25 de octubre de 2010, http://www.jrothman.com/mpd/2010/10/dispersed-vs-distributed-teams/.

Schwaber, Ken, and Jeff Sutherland. "The Scrum Guide™," *Scrum.org*, Julio de 2016, http://www.scrumguides.org/scrum-guide.html y http://www.scrumguides.org/docs/scrumguide/v2016/2016-Scrum-Guide-US.pdf#zoom=100.

Skarin, Mattias. 2015. *Real-World Kanban: Do Less, Accomplish More with Lean Thinking.* Raleigh: Pragmatic Bookshelf.

"The High Cost of Multitasking: 40% of Productivity Lost by Task Switching," *Wrike.com*, 24 de septiembre de 2015, https://www.wrike.com/blog/high-cost-of-multitasking-for-productivity/.

Wells, Don. "Extreme Programming: A Gentle Introduction," *Extreme Programming*, 8 de octubre de 2013, http://www.extremeprogramming.org/.

SECCIÓN 4—IMPLEMENTACIÓN DE ÁGIL:

Amabile, Teresa, and Steven Kramer. 2011. *The Progress Principle: Using Small Wins to Ignite Joy, Engagement, and Creativity at Work.* Boston: Harvard Business Review Press.

"Early Warning Signs of Project Trouble—Cheat Sheet, 2017, https://agilevideos.com/wp-content/uploads/2017/02/WarningSignsOfProjectTrouble-CheatSheet.pdf.

Dweck, Carol. 2006. *Mindset: The New Psychology of Success.* New York: Penguin Random House.

Kaner, Sam. *Facilitator's Guide to Participatory Decision-Making.* 3rd ed. 2014. San Francisco: Jossey-Bass.

Keith, Kent. *The Case for Servant Leadership.* 2008. Westfield: Greenleaf Center for Servant Leadership.

Rothman, Johanna. 2016. *Agile and Lean Program Management: Scaling Collaboration Across the Organization.* Victoria, British Columbia: Practical Ink.

Rothman, Johanna. "Dispersed vs. Distributed Teams," *Rothman Consulting Group*, Inc., 25 de octubre de 2010, http://www.jrothman.com/mpd/2010/10/dispersed-vs-distributed-teams/.

Rothman, Johanna. 2007. *Manage It! Your Guide to Modern, Pragmatic Project Management.* Raleigh: Pragmatic Bookshelf.

Rothman, Johanna. 2016. *Manage Your Project Portfolio: Increase Your Capacity and Finish More Projects.* Raleigh: Pragmatic Bookshelf.

Schwaber, Ken, and Jeff Sutherland. "The Scrum Guide™," *Scrum.org*, Julio de 2016, http://www.scrumguides.org/scrum-guide.html y http://www.scrumguides.org/docs/scrumguide/v2016/2016-Scrum-Guide-US.pdf#zoom=100.

Sinek, Simon. 2011. *Start with Why: How Great Leaders Inspire Everyone to Take Action.* New York: Portfolio, Penguin Random House.

"The High Cost of Multitasking: 40% of Productivity Lost by Task Switching," *Wrike.com*, 24 de septiembre de 2015, https://www.wrike.com/blog/high-cost-of-multitasking-for-productivity/.

INFORMES DE EXPERIENCIA:

"Experience Reports," *Agile Alliance*, (n.d.), https://www.agilealliance.org/resources/experience-reports/.

SALUD DEL PROYECTO Y DEL EQUIPO:

"Early Warning Signs of Project Trouble—Cheat Sheet." 2017. https://agilevideos.com/wp-content/uploads/2017/02/WarningSignsOfProjectTrouble-CheatSheet.pdf

"TeamHealth Radar – Summary View," *Agilehealth.* 2014. http://agilityhealthradar.com/wp-content/uploads/2014/11/bigradar.gif.

EFICIENCIA DE LOS RECURSOS:

Modig, Niklas, and Pär Åhlström. 2015. *This is Lean: Resolving the Efficiency Paradox.* London: Rheologica Publishing.

Rothman, Johanna. "Resource Efficiency vs. Flow Efficiency, Part 5: How Flow Changes Everything," *Rothman Consulting Group, Inc.*, 20 de septiembre de 2015, http://www.jrothman.com/mpd/agile/2015/09/resource-efficiency-vs-flow-efficiency-part-5-how-flow-changes-everything/.

ESCALAMIENTO:

Disciplined Agile 2.X—A Process Decision Framework. 2016. http://www.disciplinedagiledelivery.com/.

Kniberg, Henrik. "Scaling Agile @ Spotify with Tribes, Squads, Chapters & Guilds," *Crisp*, 14 de noviembre de 2012, http://blog.crisp.se/2012/11/14/henrikkniberg/scaling-agile-at-spotify.

"Overview—Large Scale Scrum," *LeSS.* 2016. http://less.works/.

"SAFe® for Lean Software and System Engineering," *SAFe®*. 2016. http://www.scaledagileframework.com/.

HABILIDADES:

Beck, Kent. *Paint Drip People*, 4 de agosto de 2016, https://www.facebook.com/notes/kent-beck/paint-drip-people/1226700000696195/.

"Generalizing Specialists: Improving Your IT Career Skills," *Agile Modeling*, (n.d.), http://www.agilemodeling.com/essays/generalizingSpecialists.htm.

Hunter, Brittany. "Of Software Designers & Broken Combs," *Atomic Object*, 27 de junio de 2013, https://spin.atomicobject.com/2013/06/27/broken-comb-people/.

SECCIÓN 5—IMPLEMENTACIÓN DE ÁGIL: DELIVERING IN AN AGILE ENVIRONMENT

Larsen, Diana, and Ainsley Nies. 2016. *Liftoff: Start and Sustain Successful Agile Teams.* Raleigh: Pragmatic Bookshelf.

RETROSPECTIVAS:

Derby, Esther, and Diana Larsen. 2006. *Agile Retrospectives: Making Good Teams Great.* Raleigh: Pragmatic Bookshelf.

Gonçalves, Luis, and Ben Linders. 2015. *Getting Value out of Agile Retrospectives: A Toolbox of Retrospective Exercises.* Victoria, British Columbia: Leanpub.

TRABAJO PENDIENTE:

Adzic, Gojko, Marjory Bissett, and Tom Poppendieck. 2012. *Impact Mapping: Making a Big Impact with Software Products and Projects.* Woking, Surrey: Provoking Thoughts.

Patton, Jeff, and Peter Economy. 2014. *User Story Mapping: Discover the Whole Story, Build the Right Product.* Sebastopol: O'Reilly Media.

Rothman, Johanna. "We Need Planning; Do We Need Estimation?" *Rothman Consulting Group, Inc.*, 21 de enero de 2015, http://www.jrothman.com/mpd/project-management/2015/01/we-need-planning-do-we-need-estimation/.

REUNIONES DE PIE:

Brodzinski, Pawel. "Effective Standups around Kanban Board," *Brodzinski.com*, 30 de diciembre de 2011, http://brodzinski.com/2011/12/effective-standups.html.

Fowler, Martin. "It's Not Just Standing Up: Patterns for Daily Standup Meetings," *Martinfowler.com*, 21 de febrero de 2016, http://martinfowler.com/articles/itsNotJustStandingUp.html.

Hefley, Chris. "How to Run Effective Standups and Retrospectives," *Leankit*, 15 de septiembre de 2014, https://leankit.com/blog/2014/09/run-effective-standups-retrospectives/.

VALOR GANADO:

Griffiths, Mike. "A Better S Curve and Simplified EVM," *Leading Answers*, 6 de junio de 2008, http://leadinganswers.typepad.com/leading_answers/2008/06/a-better-s-curve-and-simplified-evm.html.

SECCIÓN 6—CONSIDERACIONES ORGANIZACIONALES PARA PROYECTOS ÁGILES.

Bankston, Arlen, and Sanjiv Augustine. *Agile Team Performance Management: Realizing the Human Potential of Teams*, 14 de junio de 2010, www.lithespeed.com/transfer/Agile-Performance-Management.pptx.

Browder, Justin, and Brian Schoeff. *Perfect Strangers: How Project Managers and Developers Relate and Succeed.* CreateSpace Independent Publishing Platform, 2016, https://www.createspace.com/.

Griffiths, Mike. "Agile Talent Management," *Leading Answers*, 14 de octubre de 2015, http://leadinganswers.typepad.com/leading_answers/2015/10/agile-talent-management.html.

Kohn, Alfie. 1999. *Punished by Rewards: The Trouble with Gold Stars, Incentive Plans, A's, Praise, and Other Bribes.* New York: Mariner Books.

Mar, Kane. "How to do Agile Performance Reviews," *Scrumology*, (n.d.), https://scrumology.com/how-to-do-agile-performance-reviews/.

McChrystal, Stanley, Tantum Collins, David Silverman, and Chris Fussell. 2015. *Team of Teams: New Rules of Engagement for a Complex World.* New York: Portfolio, Penguin Random House.

Pink, Daniel. 2011. *Drive: The Surprising Truth About What Motivates Us.* New York: Riverhead Books.

SECCIÓN 7—UNA LLAMADA A LA ACCIÓN (LA INSPECCIÓN SIN ADAPTACIÓN ES UN ESFUERZO DESPERDICIADO)

Dennis, Pascal. 2006. *Getting the Right Things Done: A Leader's Guide to Planning and Execution*. Cambridge: Lean Enterprise Institute.

Griffiths, Mike. "Introducing Agile Methods: Mistakes to Avoid—Part 3," *Leading Answers*, 15 de marzo de 2007, http://leadinganswers.typepad.com/leading_answers/2007/03/introducing_agi_2.html.

Little, Jason. *Lean Change Management: Innovative Practices for Managing Organizational Change*. Happy Melly Express, 2014, http://www.happymelly.com/category/hm-express/.

Rising, Linda, and Mary Lynne Manns. 2004. *Fearless Change: Patterns for Introducing New Ideas*. Upper Saddle River: Addison-Wesley Professional.

"The IDEAL Model," *Software Engineering Institute, Carnegie Mellon*, 2006, http://www.sei.cmu.edu/library/assets/idealmodel.pdf.

ANEXO A1—*CORRESPONDENCIA CON LA GUÍA DEL PMBOK®*

Larsen, Diana and Ainsley Nies. 2016. *Liftoff: Start and Sustain Successful Agile Teams*. Raleigh: Pragmatic Bookshelf.

ANEXO A2—CORRESPONDENCIA CON EL MANIFIESTO DE ÁGIL

Manifesto for Agile Software Development, 2001, http://agilemanifesto.org/.

Principles behind the Agile Manifesto, 2001, http://agilemanifesto.org/principles.html.

ANEXO A3—VISIÓN GENERAL DE LOS MARCOS DE REFERENCIA ÁGIL Y LEAN

Agile Business Consortium, 2014, https://www.agilebusiness.org/what-is-dsdm.

Ambler, Scott. "The Agile Unified Process," *Ambysoft*, 13 de mayo de 2006, http://www.ambysoft.com/unifiedprocess/agileUP.html.

Anderson, David. 2010. *Kanban: Successful Evolutionary Change for Your Technology Business*. Seattle: Blue Hole Press.

Beedle, Mike. *Enterprise Scrum: Executive Summary: Business Agility for the 21st Century*, 7 de enero de 2017, http://www.enterprisescrum.com/enterprise-scrum/.

Cockburn, Alistair. 2004. *Crystal Clear: A Human-Powered Methodology for Small Teams.* Upper Saddle River: Pearson Education.

Cockburn, Alistair. "Crystal Methodologies," *alistair.cockburn.us*, 28 de marzo de 2014, http://alistair.cockburn.us/Crystal+methodologies.

Disciplined Agile 2.X—A Process Decision Framework, 2016, http://www.disciplinedagiledelivery.com/.

Joint MIT-PMI-INCOSE Community of Practice on Lean in Program Management. 2012. *The Guide to Lean Enablers for Managing Engineering Programs.* Newtown Square, PA: Autor.

"Kanban," *Wikipedia*, última modificación 4 de mayo de 2017, extraído el 22 de noviembre de https://en.wikipedia.org/wiki/Kanban.

"Kanban *(development),*" *Wikipedia*, última modificación 4 de mayo de 2017, extraído el 29 de noviembre de 2016 de https://en.wikipedia.org/wiki/Kanban_(development).

Reddy, Ajay, and Jack Speranza. 2015. *The Scrumban [R]Evolution: Getting the Most Out of Agile, Scrum, and Lean Kanban.* Boston: Addison-Wesley Professional.

"Overview—Large Scale Scrum," *LeSS*, 2016, http://less.works/.

"SAFe® for Lean Software and System Engineering," *SAFe®*, 2016, http://www.scaledagileframework.com/.

Schwaber, Ken, and Jeff Sutherland. "The Scrum Guide™," *Scrum.org*, Julio de 2016, http://www.scrumguides.org/scrum-guide.html y http://www.scrumguides.org/docs/scrumguide/v2016/2016-Scrum-Guide-US.pdf#zoom=100.

"Scrum of Scrums," *Agile Alliance*, (n.d.), https://www.agilealliance.org/glossary/scrum-of-scrums/.

"Scrumban," Wikipedia, March 2, 2017, https://en.wikipedia.org/wiki/Scrumban.

"State of Agile Report: Agile Trends," *VersionOne*, 2017, http://stateofagile.versionone.com/.

Sutherland Jeff. "Agile Can Scale: Inventing and Reinventing SCRUM in Five Companies." *Cutter IT Journal* 14, no. 12 (2001): 5–11. http://www.controlchaos.com/storage/scrum-articles/Sutherland_200111_proof.pdf.

"The 2015 State of Agile Development," *Scrum Alliance®*, 2015, https://www.forrester.com/report/The+2015+State+Of+Agile+Development/-/E-RES122910

Wells, Don. "Extreme Programming: A Gentle Introduction," *Extreme Programming*, October 8, 2013, http://www.extremeprogramming.org/.

Why Scrum? State of Scrum Report, 2016, https://www.scrumalliance.org/why-scrum/state-of-scrum-report/2016-state-of-scrum.

APÉNDICE X2—ATRIBUTOS QUE INFLUYEN SOBRE LA ADAPTACIÓN

Griffiths, Mike. "Agile Suitability Filters," *Leading Answers*, 2007, http://leadinganswers.typepad.com/leading_answers/files/agile_suitability_filters.pdf.

Jeffries, Ron. "We Tried Baseball and It Didn't Work," *ronjeffries.com*, 2 mayo de 2006, http://ronjeffries.com/xprog/articles/jatbaseball/.

Rothman, Johanna. "One Experimental Possibility: Self-Organization from Component Teams to Feature Teams," *Rothman Consulting Group, Inc.*, 23 de septiembre de 2014, http://www.jrothman.com/mpd/agile/2014/09/one-experimental-possibility-self-organization-from-component-teams-to-feature-teams/.

GLOSARIO

1. SIGLAS

ATDD   acceptance test-driven development / desarrollo impulsado por las pruebas de aceptación

BDD   behavior-driven development / desarrollo impulsado por el comportamiento

BRD   business requirement documents / documentos de especificación de los requisitos de negocio

DA   Disciplined Agile / Disciplined Agile

DoD   definition of done / definición de terminado

DoR   definition of ready / definición de listo

DSDM   Dynamic Systems Development Method / Método de Desarrollo de Sistemas Dinámicos

Evo   evolutionary value delivery / entrega evolutiva de valor

LeSS   Large-Scale Scrum / Large-Scale Scrum

LSD   Lean Software Development / desarrollo Lean de software

PHVA   Plan-Do-Check-Act / Planificar-Hacer-Verificar-Actuar

PMO   project management office / oficina de dirección de proyectos

RSI   return on investment / retorno sobre la inversión

RUP   Rational Unified Process / proceso unificado de rational

SAFe®   Scaled Agile Framework® / Scaled Agile Framework®

SBE   specification by example / especificación mediante ejemplos

XP   eXtreme Programming / programación extrema

2. DEFINICIONES

A3 /A3. Una forma de pensar y un proceso sistemático de resolución de problemas que recopila la información pertinente sobre una sola hoja de papel de tamaño A3.

Acoso (Mobbing) /Mobbing. Una técnica en la que varios miembros del equipo se enfocan de forma simultánea y coordinada para contribuir a un elemento de trabajo particular.

Adecuado para el Propósito /Fit for Purpose. Un producto adecuado para satisfacer el propósito al que está destinado.

Adecuado para el Uso /Fit for Use. Un producto utilizable en su forma actual para satisfacer el propósito al que está destinado.

Administrador de Solicitudes de Servicio / Service Request Manager. La persona responsable de ordenar las solicitudes de servicio para maximizar el valor en un entorno de flujo continuo o Kanban. Equivalente a dueño del producto.

Ágil Mezclado / Blended Agile. Dos o más marcos de referencia, métodos, elementos o prácticas ágiles usados en conjunto, tales como Scrum practicado en combinación con XP y el Método Kanban.

Ágil / Agile. Un término usado para describir una mentalidad de valores y principios según lo expuesto en el Manifiesto de Ágil.

Agilista / Agilist. *Véase* Profesional practicante de agilidad.

Análisis Automatizado de la Calidad del Código Fuente / Automated Code Quality Analysis. La prueba preestablecida y programada del código fuente que busca identificar errores y vulnerabilidades.

Anti-patrón. /Anti-Pattern. Un patrón de trabajo conocido y defectuoso que no es aconsejable.

Aprendizaje de Circuito Doble / Double-Loop Learning. Un proceso que desafía los valores y suposiciones subyacentes con el fin de identificar mejor las causas raíz y diseñar respuestas mejoradas, en lugar de centrarse exclusivamente en los síntomas.

Aprendizaje de Circuito Único / Single Loop Learning. La práctica de intentar resolver problemas usando simplemente métodos predefinidos específicos, sin desafiar los métodos a la luz de la experiencia.

Bloqueante / Blocker. *Véase* Impedimento.

Cadencia / Cadence. Un ritmo de ejecución. *Véase también* Período de tiempo preestablecido.

Ciclo de Vida Ágil / Agile Life Cycle. Un enfoque que es tanto iterativo como incremental a fin de refinar los elementos de trabajo y poder entregar con frecuencia.

Ciclo de Vida Incremental / Incremental Life Cycle. Un enfoque que proporciona entregables terminados que el cliente puede utilizar de inmediato.

Ciclo de Vida Iterativo / Iterative Life Cycle. Un enfoque que permite obtener retroalimentación para el trabajo sin terminar, a fin de mejorar y modificar ese trabajo.

Ciclo de Vida Predictivo / Predictive Life Cycle. Un enfoque más tradicional, en el que la mayor parte de la planificación ocurre por adelantado, y luego se ejecuta en una sola pasada; es un proceso secuencial.

Ciclo de Vida / Life Cycle. El proceso mediante el cual un producto es imaginado, creado y puesto en uso.

Coach de Ágil / Agile Coach. Una persona con conocimientos y experiencia en Ágil que puede capacitar, orientar y guiar a organizaciones y equipos a lo largo de su transformación.

Definición de Listo (DoR) / Definition of Ready (DoR). Una lista de verificación construida por el equipo que determina que un requerimiento centrado en el usuario tiene toda la información requerida por el equipo para poder comenzar a trabajar en él.

Definición de Terminado (DoD) / Definition of Done (DoD). Una lista de verificación construida por el equipo que incluye todos los criterios requeridos para que un producto sea considerado como terminado y listo para usar por el cliente.

Desarrollo Guiado por las Pruebas / Test-Driven Development. Una técnica en la que las pruebas son definidas antes de comenzar las labores, de manera que el trabajo en curso se valida continuamente, permitiendo trabajar con una mentalidad de cero defectos.

Desarrollo impulsado por Características / Feature-Driven Development. Un método liviano para desarrollo ágil de software impulsado desde una perspectiva de funcionalidad valorada por el cliente.

Desarrollo Impulsado por el Comportamiento (BDD) / Behavior-Driven Development (BDD). Una práctica de diseño y validación de sistemas que utiliza principios de prueba a priori y guiones similares al inglés.

Desarrollo Impulsado por las Pruebas de Aceptación (ATDD) / Acceptance Test-Driven Development (ATDD). Un método para la creación colaborativa de los criterios de aceptación de las pruebas que se utilizarán antes de iniciar la entrega.

Desarrollo Lean de Software (LSD) / Lean Software Development (LSD). El desarrollo simplificado de software es una adaptación de los principios y prácticas de manufactura lean al dominio del desarrollo de software, y se basa en un conjunto de principios y prácticas para lograr calidad, velocidad y alineación con el cliente.

Deuda Técnica / Technical Debt. El costo generado por el trabajo no finalizado en un punto anterior en el ciclo de vida del producto.

DevOps / DevOps. Grupo de prácticas para crear un proceso fluido de entrega gracias a las mejoras en la colaboración entre los equipos de desarrollo y operaciones.

Disciplined Agile (DA) / Disciplined Agile (DA). Un marco de referencia que simplifica los procesos de toma de decisiones relacionados con la entrega de soluciones incrementales e iterativas.

Diseño de la Experiencia de Usuario (UX) / UX Design. El proceso de mejorar la experiencia del usuario centrándose en mejorar la facilidad de uso y la accesibilidad que se encuentre en la interacción entre el usuario y el producto.

Documentos de Especificación de los Requisitos de Negocio (BRD) / Business Requirement Documents (BRD). Listado de todos los requisitos para un proyecto específico.

Dueño del Producto / Product Owner. Una persona responsable de maximizar el valor del producto y quien es el responsable final y rinde cuentas sobre el producto final que se construya. *Véase también* Administrador de Solicitudes de Servicio.

Elaboración Progresiva / Progressive Elaboration. Proceso iterativo de incrementar el nivel de detalle de un plan para la dirección del proyecto a medida que se cuenta con mayor cantidad de información y con estimaciones más precisas.

En forma de "I" / I-shaped. Se refiere a una persona con un área de especialización profunda pero sin interés en el resto de las habilidades requeridas por el equipo o sin capacidad para ellas. *Véase también* En forma de "T" y Peine Roto.

En forma de "T" / T-shaped. Se refiere a una persona con un área de especialización profunda y amplia capacidad en el resto de las habilidades requeridas por el equipo. *Véase también* En forma de "I" y Peine Roto.

Enfoque Híbrido / Hybrid Approach. Una combinación de dos o más elementos ágiles y no ágiles, que tienen un resultado final que no es ágil.

Enfoque orientado al Plan / Plan-Driven Approach. *Véase* Enfoque predictivo.

Enfoque Predictivo / Predictive Approach. Un enfoque sobre la gestión del trabajo que utiliza un plan de trabajo y la gestión de ese plan de trabajo a lo largo del ciclo de vida de un proyecto.

Enjambre / Swarming. Una técnica en la que varios miembros del equipo se enfocan colectivamente en la resolución de un impedimento específico.

Entrega Continua / Continuous Delivery. La práctica de ofrecer de inmediato incrementos de funciones a los clientes, a menudo mediante el uso de lotes de pequeño tamaño y tecnología de automatización.

Entrega Evolutiva de Valor (Evo) / Evolutionary Value Delivery (Evo). Abiertamente acreditado como el primer método ágil que contiene un componente específico que ningún otro método tiene: el enfoque en la entrega de requisitos de valor múltiples y medibles a las partes interesadas.

Equipo Auto Organizado / Self-Organizing Team. Un equipo multifuncional en el que las personas asumen el liderazgo de forma fluida, según sea necesario para lograr los objetivos del equipo.

Equipo de Scrum / Scrum Team. Describe la combinación de equipo de desarrollo, Scrum Master y dueño del proceso utilizados en Scrum.

Equipo Multidisciplinario / Cross-Functional Team. Un equipo que incluye profesionales con todas las habilidades necesarias para entregar incrementos valiosos de producto.

Especificación Funcional / Functional Specification. Una función específica que debe realizar o ejecutar un sistema o una aplicación. Es representada típicamente en un documento de especificaciones funcionales.

Especificación mediante ejemplos (SBE) / Specification by Example (SBE). Un enfoque colaborativo a fin de definir los requisitos y las pruebas funcionales orientadas a los negocios para productos de software, basado en la captura y en la ilustración de los requisitos mediante ejemplos realistas, en lugar de enunciados abstractos.

Eventos Kaizen / Kaizen Events. Eventos orientados a la mejora del sistema.

Familia de Metodologías Crystal / Crystal Family of Methodologies. Una colección de métodos livianos de desarrollo de software ágil centrados en la adaptabilidad a una circunstancia en particular.

Flow Master / Flow Master. El coach de un equipo y administrador de solicitudes de servicio que trabaja en un esquema de flujo continuo o un contexto Kanban. Es equivalente al Scrum Master.

Flujo de Valor / Value Stream. Una construcción organizacional que se centra en el flujo de valor a los clientes a través de la entrega de productos o servicios específicos.

Gestión de Cambios en la Organización / Organizational Change Management. Un enfoque integral, cíclico y estructurado para la transición de individuos, grupos y organizaciones desde el estado actual hacia un estado futuro, con los beneficios empresariales previstos.

Goteo de pintura / Paint-Drip. *Véase* Peine Roto.

Gráfica de Trabajo Pendiente (burndown) / Burndown Chart. Una representación gráfica del trabajo pendiente frente al tiempo restante en un período de tiempo preestablecido.

Gráfica de Trabajo Realizado (burnup) / Burnup Chart. Una representación gráfica del trabajo realizado con miras a la liberación de un producto.

Historia de Usuario / User Story. Una breve descripción del valor entregable para un usuario específico. Es un compromiso de discusión a fin de aclarar detalles.

Hoshin Kanri / Hoshin Kanri. Un método para implementar una estrategia o política.

IDEAL / IDEAL. Un modelo de mejora organizacional que lleva el nombre de las cinco fases que describe: iniciar, diagnosticar, establecer, actuar y aprender.

Impedimento / Impediment. Un obstáculo que impide que el equipo alcance sus objetivos. También se conoce como un bloqueante.

Incremento / Increment. Un entregable funcional, probado y aceptado, que es un subconjunto del resultado general del proyecto.

Integración Continua / Continuous Integration. Una práctica en la que los productos de trabajo de todos los miembros del equipo son frecuentemente integrados y validados entre sí.

Iteración / Iteration. Un bloque de tiempo delimitado para el desarrollo de un producto o entregable en el que se realiza todo el trabajo necesario para entregar valor.

Large-Scale Scrum (LeSS) / Large-Scale Scrum (LeSS). Large-Scale Scrum es un marco de desarrollo de productos que extiende Scrum con pautas para escalamiento, conservando los propósitos originales de Scrum.

Liderazgo de Servicio / Servant Leadership. La práctica de liderar a través del servicio al equipo, centrándose en la comprensión y abordando las necesidades y el desarrollo de los miembros del equipo con el fin de permitir su máximo desempeño.

Manifiesto de Ágil / Agile Manifesto. La definición original y oficial de los valores ágiles y principios de Ágil.

Mapeo de Historias de Usuario / User Story Mapping. Una práctica visual a fin de organizar el trabajo en un modelo útil para ayudar a entender los conjuntos de características de alto valor que se van a crear a lo largo del tiempo, identificar las omisiones en la lista de trabajo pendiente y planificar de forma efectiva las liberaciones que ofrecen valor a los usuarios.

Mapeo del Flujo de Valor / Value Stream Mapping. Una técnica empresarial simplificada utilizada para documentar, analizar y mejorar el flujo de información o materiales requeridos a fin de producir un producto o servicio para un cliente.

Mapeo Mental / Impact Mapping. Una técnica de planificación estratégica que actúa como una hoja de ruta para la organización mientras se desarrollan nuevos productos.

Marco de referencia / Framework. Un sistema o estructura básica de ideas o hechos que prestan soporte a un enfoque.

Mentalidad ágil / Agile Mindset. Una forma de pensar y de comportarse sustentada por los cuatro valores y los doce principios del Manifiesto de Ágil.

Método de Desarrollo de Sistemas Dinámicos (DSDM) / Dynamic Systems Development Method (DSDM). Un marco de referencia ágil para la entrega de proyectos.

Método Kanban / Kanban Method. Un método ágil inspirado en el sistema de control de inventario Kanban original y utilizado específicamente para el trabajo del conocimiento.

Oficina de Dirección de Proyectos (PMO) / Project Management Office (PMO). Estructura de gestión que estandariza los procesos de gobernanza relacionados con el proyecto y facilita el intercambio de recursos, metodologías, herramientas y técnicas.

Organización en Silos / Siloed Organization. Una organización estructurada de tal forma que sólo consigue contribuir con un subconjunto de los aspectos requeridos para entregar valor a los clientes. Para efectos de comparación, *véase* Flujo de Valor.

Peine Roto / Broken Comb. Se refiere a una persona que posee diferentes niveles de entendimiento y especialización en múltiples habilidades requeridas por el equipo. También conocido como goteo de pintura. *Véase también* En forma de "T" y En forma de "I".

Perfeccionamiento de Trabajos Pendientes / Backlog Refinement. La elaboración progresiva de los requisitos del proyecto y/o tarea continua en la que el equipo revisa, actualiza y escribe colaborativamente dichos requisitos para satisfacer la necesidad expuesta en el requerimiento del cliente.

Período de tiempo preestablecido / Timebox. Un período fijo, por ejemplo, 1 semana, 1 quincena, 3 semanas o 1 mes. *Véase también* Iteración.

Personas / Persons. Un arquetipo de usuario que representa un conjunto de usuarios finales similares descritos con sus objetivos, sus motivaciones y sus características personales representativas.

Pivote / Pivot. Una corrección de curso planificada, diseñada para probar una nueva hipótesis sobre el producto o la estrategia.

Planificación de Sprints / Sprint Planning. Un evento colaborativo en Scrum en el cual el equipo Scrum planea el trabajo para el Sprint en ejecución.

Planificación Gradual / Rolling Wave Planning. Técnica de planificación iterativa en la cual el trabajo a realizar a corto plazo se planifica en detalle, mientras que el trabajo futuro se planifica a un nivel superior.

Planificar-Hacer-Verificar-Actuar (PHVA) / Plan–Do–Check–Act (PDCA). Un método de gestión iterativo utilizado en las organizaciones a fin de facilitar el control y la mejora continua de procesos y productos.

Principios de Ágil / Agile Principles. Los doce principios de entrega ágil de proyectos plasmados en el Manifiesto de Ágil.

Proceso Unificado Ágil / Agile Unified Process. Un enfoque simplista y comprensible para desarrollar software de negocios utilizando técnicas y conceptos ágiles. Es una versión simplificada del Proceso Unificado de Rational (RUP).

Profesional practicante de agilidad / Agile Practitioner. Una persona que adopta la mentalidad ágil, quien colabora con colegas de ideas afines en equipos multifuncionales. También conocido como agilista.

Programación en Pares / Pair Programming. Trabajo en pares centrado en la programación.

Programación eXtrema / eXtreme Programming. Un método ágil de desarrollo de software que conduce a un software de mayor calidad, mayor capacidad de respuesta a los requisitos cambiantes de los clientes y entregas de producto más frecuentes con ciclos más cortos.

Propiedad Colectiva de Código / Collective Code Ownership. Una técnica de aceleración y colaboración del proyecto, mediante la cual cualquier miembro del equipo está autorizado a modificar cualquier producto de trabajo o entregable del proyecto, haciendo hincapié en la propiedad y responsabilidad de todo el equipo.

Punto de Historia / Story Point. Una unidad de medida sin unidad usada en las técnicas de estimación de historias relativas a los usuarios.

Radiador de Información / Information Radiator. Una pantalla visible y física que proporciona información al resto de la organización, permitiendo el intercambio de conocimientos al minuto sin tener que perturbar al equipo.

Refactorización / Refactoring. Una técnica de calidad del producto mediante la cual se mejora el diseño de un producto mejorando su disposición para el mantenimiento y otros atributos deseados, sin alterar la funcionalidad esperada.

Requisito Funcional / Functional Requirement. Un comportamiento específico que un producto o servicio debería realizar o ejecutar.

Retrospectiva / Retrospective. Un taller que ocurre periódicamente, en el que los participantes exploran su trabajo y sus resultados con el fin de mejorar tanto el proceso como el producto.

Scaled Agile Framework (SAFe®) / Scaled Agile Framework (SAFe®). Una base de conocimiento de patrones integrados para el desarrollo simplificado-ágil a escala empresarial.

Scrum de Scrums / Scrum of Scrums. Una técnica para operar Scrum, a escala, para múltiples equipos trabajando sobre el mismo producto, coordinando discusiones sobre el progreso en sus interdependencias y centrándose en cómo integrar la entrega de software, especialmente en áreas en las que haya superposición.

Scrum Diario / Daily Scrum. Una reunión de colaboración breve y diaria en la cual el equipo revisa el progreso del día anterior, reporta los objetivos para el día actual y subraya cualquier obstáculo encontrado o previsto. También conocido como reunión diaria de pie.

Scrum Master / Scrum Master. El coach del equipo de desarrollo y dueño del proceso en en la metodología Scrum. Elimina obstáculos, facilita eventos productivos y defiende al equipo contra interrupciones. *Véase también* Flow Master.

Scrum / Scrum. Un marco ágil para desarrollar y mantener productos complejos, con roles, eventos y objetos específicos.

Scrumban / Scrumban. Una metodología que surge cuando los equipos eligen Scrum como método de gestión del proyecto y el Método Kanban como un lente a través de el cual observar, entender y mejorar continuamente su trabajo.

Sesgo Organizacional / Organizational Bias. Las preferencias de una organización sobre un conjunto de escalas que se caracterizan por los siguientes valores fundamentales: exploración versus ejecución, velocidad versus estabilidad, cantidad versus calidad y flexibilidad versus predictibilidad.

Smoke Testing / Smoke Testing. La práctica de usar un conjunto liviano de pruebas a fin de asegurar que las funciones más importantes del sistema en desarrollo funcionen como se pretende.

Spike / Spike. Un corto intervalo de tiempo dentro de un proyecto, usualmente de duración fija, en el cual un equipo lleva a cabo investigaciones o realiza prototipos de un aspecto para comprobar la viabilidad de una solución.

Sprint / Sprint. Describe una iteración en un período preestablecido en Scrum.

Tablero de Scrum / Scrum Board. Un radiador de información que es utilizado para administrar el producto y trabajos de Sprints pendientes y mostrar el flujo de trabajo y sus cuellos de botella.

Tablero Kanban / Kanban Board. Una herramienta de visualización que permite mejorar el flujo de trabajo al hacer visibles los cuellos de botella y las cantidades de trabajo.

Trabajo en pareja / Pairing. *Véase* Trabajo en pares.

Trabajo en pares / Pair Work. Técnica de trabajo en pares de los miembros del equipo para que se enfoquen en trabajar en un mismo objetivo.

Trabajo pendiente asociado al producto / Product Backlog. Una lista priorizada de requisitos para un producto centrados en el usuario y administrada por el equipo.

Trabajo pendiente / Backlog. *Véase* Trabajo pendiente asociado al Producto.

Trabajos de Sprints pendientes / Sprint Backlog. Lista de trabajos identificados por el equipo Scrum a ser completados durante un Sprint.

ÍNDICE